妈妈的精准回应

禾心⊙著

吉林文史出版社
JILIN WENSHI CHUBANSHE

图书在版编目（CIP）数据

妈妈的精准回应 / 禾心著. -- 长春 ：吉林文史出
版社，2025. 6. -- ISBN 978-7-5752-1338-7

Ⅰ. G78

中国国家版本馆 CIP 数据核字第 20253WE699 号

妈 妈 的 精 准 回 应

MAMA DE JINGZHUN HUIYING

著　　者：禾　心

责任编辑：张涣钰

封面设计：杨　斌

出版发行：吉林文史出版社

电　　话：0431-81629352

地　　址：长春市福祉大路 5788 号

邮　　编：130117

网　　址：www.jlws.com.cn

印　　刷：三河市同力彩印有限公司

开　　本：880mm×1230mm　1/32

印　　张：5

字　　数：76 千

版　　次：2025 年 6 月第 1 版

印　　次：2025 年 6 月第 1 次印刷

书　　号：ISBN 978-7-5752-1338-7

定　　价：49.00 元

目 录

第一篇

·好妈妈认知维度·

第一章

重视自我成长

1.1 情绪爆发时怎么办

☀️ 给妈妈的一句话：

情绪不是错误，它是你内心发出的求救信号。当你学会温柔地回应自己时，才能真正温柔地回应孩子。

我曾在咨询过程中，听到一位妈妈低声说："我真的不想发火，可当孩子第三次顶嘴时，我像炸了的锅一样，连自己都吓到了。"

这并不是个例。许多妈妈都曾为失控的那一刻而懊恼。你可能会在深夜翻看亲子书籍，也许不断对自己说"下次我一定忍住"，但情绪一来，该爆发的，还是会爆发。

我想说，这种状态，并不意味着你是一个不合格的母亲。恰恰相反，它只是说明你很在乎，只是暂时不知道如何安放这份爱与压力。

一位妈妈曾和我说，那天她带着孩子刚从超市出来，孩子吵着要吃冰激凌，她说："等回家了再吃吧。"孩子不肯，在电梯里又哭又闹。电梯门一关，她瞬间爆发了："你怎么就不能听话一点儿？"孩子吓得缩成一团。她在电梯的镜子里看到自己扭曲的脸，顿时愣住，接着是汹涌的自责。

这不是"坏妈妈"的表现，而是很多妈妈在压力积压下，**真实而脆弱的瞬间**。

心理学上有一个重要概念叫"情绪投射"：当我们无法处理内在的不安与痛苦时，往往会把它"丢"到最亲近的人身上。孩子的一次"不听话"就成了导火索，让我们所有没说出口的情绪，在那一瞬间冲破理智的堤坝。

下次当你意识到自己快要爆发时，不妨试着告诉孩子："妈妈现在有些生气，我需要冷静一下。"然后**离开 3~5 分钟**，深呼吸、洗把脸，或者静静地坐一会儿。这是给彼此一个**"冷却空间"**。其实，这个过程中你也在教孩子："情绪可以表达，但不要伤人。"

情绪来的时候，我们最需要的不是发泄，而是**停顿**。很多事情其实并没有我们想的那么严重。当你要失控时，你可以在心里问自己一句话："一年后我还会记得这件事吗？"

如果答案是"不会"，那你就知道，现在的情绪没必要放大；如果答案是"会"，那更应该**用理智去解决它**，而不是用情绪。

情绪不会无缘无故爆发。一次看似小题大做的愤怒，背后往往藏着数不清的累积：可能是没休息好的疲惫，是工作被否定的失落，或者是长期照顾他人却被忽视的委屈。

单纯压抑负面情绪并不能真正解决问题，克制仅仅是帮助我们平稳度过情绪爆发的高危阶段。当情绪逐渐平复后，我们仍须直面并处理情绪的根源。

实际情况中，不少家长在克制情绪后，便不再进一步梳理和化解情绪，这并非有效处理，而是被动压抑。随着压抑次数增多，负面情绪如同堆积的火药，终会迎来毁灭性的爆发，对自己和身边人造成更大伤害。任何引发负面情绪的事件都有其内在原因，我们不妨回溯事件本身，深入剖析自己面临的困境与内心需求，遵循"先安抚情绪，再解决问题"的顺序。唯有依次完成这两个环节，才算真正将事情妥善处理，也只有这样，才能避免负面情绪不断累积。

我有个专属的小本子，用来随时捕捉生活里冒出来的负面念头，并把当下的思考感悟一一记录。神奇的是，当这些情绪被书写下来，就不再像沉重的巨石般压得人喘不过气了，反而像清理掉了手机里无用的缓存，让我的精神世界腾出了更多"运行空间"，得以专注于更有价值的事。

如今，我十分享受这样的状态。起初，用这种方式处理情绪速度缓慢，毕竟直面那些不愉快的瞬间，难免会再次触动心绪。但随着不断练习，我处理负面情绪的效率变得越来越高。

很多妈妈在送孩子上学时，常常会因为孩子磨磨蹭蹭，顿时火冒三丈，脱口就是一顿数落。我清楚地记得，有一位妈妈曾跟我说，她数落完孩子后，孩子低着头小声嘟囔："你现在说话的样子好像外婆。"

有时，我们会在不知不觉中复刻了童年时母亲对我们的教育方式。那些我们曾暗暗发誓绝不会对孩子说的话，那些让我们童年倍感压抑的情绪，在不经意间转嫁到了我们孩子的身上。

我们在原生家庭中形成的"情绪表达习惯"，早已深深烙印在潜意识里。当压力袭来，这些熟悉的反应模式就会自动启动，成为情绪的**宣泄通道**。这并非我们的本意，只是大脑在慌乱中，本能地选择了最习惯的"路径"。

唯有疗愈童年那个受伤的自己，才能打破这个恶性循环。

我们可以尝试与童年的那个自己对话。比如，看见孩子上学磨蹭时，我们可以在心里对童年的自己说："下次，你可以更快一点儿。"**从自我责备变为自我期待**，会大大降低童年积累下的负面情绪带来的影响。

在与孩子交流时，可以使用**"三步表达法"**：第一步**阐述事实**，第二步**表达感受**，第三步**提出期望**。

比如，孩子上学磨蹭时，我们可以这样对孩子说："我看到你今天早上又磨蹭了，我们本可以提前十分钟出门，现在却可能要迟到了。我们本可以做得更好，一天都会有个美丽的心情，也许只需要我们努力改变一点点。我希望你明天早上能不再像今天一样磨蹭，我相信你一定能做到。"

这样的表达方式，没有对孩子吼叫，也没有给孩子施加压力，但依然传达了边界和情绪，孩子也更容易理解你。

每个人的成长之路都难免有**缺憾**，那些未被妥善处理的情绪，如同暗礁潜藏在心底。但我们可以主动学习情绪管理的方法，不再让过往的情绪创伤在当下肆意蔓延，也不将负面情绪转嫁到孩子身上。通过有意识的练习，我们能够逐步掌握情绪的舵盘，在生活的浪潮中平稳前行，为自己和他人创造一个更平和温暖的情感空间。

没有一个妈妈天生就不会发火。我们都是在一次次"失控"中学会掌控，在一次次"崩溃"中学会**自我接纳**。你可以愤怒，但不必攻击；你可以哭泣，但不必否定自己；你可以拥有情绪，

但你也能学会与情绪共处。

做一个真实的妈妈，比做一个完美的妈妈更重要。哪怕下一次你还是忍不住吼孩子，请记得，回头抱一抱他，也抱一抱那个努力成长的自己。

今日打卡任务

✓ 任务一	✓ 任务二
记录今天一个让你情绪波动的瞬间，尝试写出背后的感受："我当时感到……是因为……"	记在亲子互动中，用"三步表达法"表达一次自己的感受并记录下来。

1.2 家里气氛不那么融洽怎么办

　　很多妈妈在说家里气氛不好时，其实并不是指家里出了什么大事或有人争吵，而是家人间那份珍贵的亲密感在不知不觉中消失了。大家的眼神交流和语言交流都越来越少，看起来每个人都在家，但好像都各自关在透明的罩子里，彼此间虽然看得见也听得见，却难以互相靠近。

　　有一位妈妈向我感叹，如今的家如同精密运转的机器，生活**按部就班**：早起送孩子上学，准点开饭，孩子按时写作业，丈夫下班刷手机，她自己默默地从清晨忙到深夜。没有人发火，也没有人说笑。每个人都很**"懂事"**，但好像都隔着一层什么东西。她说："大家像住在一起的同事，各忙各的，不过具体哪出了问题，我又说不出来。"她停顿了一会儿，接着问我："我是不是哪里做错了？"这些话在咨询室里经常听到。可家庭氛围的改变，真的不是谁对谁错的问题。很多时候，不是我们做错了什么，而是太久没有真正"看见"对方的情绪流动。家庭氛围不好，不是从某件事开始的，而是从我们一点点忽略了对方开始的。

　　一个来访者跟我说她的孩子最近特别安静，也不顶嘴了，吃饭特别快，吃完直接进房间。她以为这是懂事，直到有一天孩子轻声说："其实我在学校不太开心，但我一直都没有说，因为你会让我别想太多，早点睡觉。"这位妈妈听完，眼圈一下就红了："原来，他已经不把我当作说话的第一对象了。"

很多时候，孩子行为上的"安静""乖""自理"，并不是成熟，而是防御。我们看不见他们的情绪，他们也学会了不表达，于是家开始变得沉默。我们习惯对孩子说"你快吃饭""去写作业""少看手机"，这些话语虽然出于爱，却更像命令。我们以为表达的是关心，其实传递出去的是控制感。当一个孩子长期被父母以"做对""做快""做好"来衡量时，慢慢地，他就不会再表达自己的感受了。我们在亲子之间建起的是执行系统，而不是连接系统。

这其实跟我们小时候的经历有关。很多妈妈小时候听得最多的一句话可能是"别哭了，不是什么大事"，或者是"你再哭，我就不理你了"。于是长大之后，我们也会用"别想太多""你这点儿事情算什么"来回应孩子。情绪在我们的成长过程中是被压制的、被忽略的，甚至是会感到羞耻的。所以我们下意识地复刻了这个模式，用控制替代感受，用结果遮盖过程。

可真正让关系变紧密的，从来不是纠正行为，而是回应情绪。当孩子闹脾气时，正确的回应不是"你别闹"，而是"你现在是不是有点不高兴"？当他说"我讨厌写作业"时，不是立即反驳他，而是先说："我小时候也有过不想写作业的时候，那时候我会……你现在最烦的是什么？"让他知道，他的感觉是可以被接受的。我们不是非要他立刻好起来，而是让他知道，你愿意和他一起理解这些感受。

我们说的"精准回应"，其实不只是话术，更是一种对孩子的情绪的真实回应能力。而这种能力，离不开我们自身的"情绪觉察"。你有没有发现，有时候孩子一顶嘴，我们就瞬间爆炸；有时候伴侣一句话没接住，我们就开始质疑这段关系。这种"放大反应"，很多时候不是因为对方的问题，而是我们自己内部的"情绪堆积"在作祟。

改变家庭氛围这件事，第一步不是改变孩子，而是先照见自己。你在这个家里，是轻松的，还是紧绷的？你是在交流，还是在安排？新的一天，你跟家人说的第一句话是温柔的，还是命令式的？你多久没有笑着说过"谢谢"或者"辛苦了"了？

我们经常在教孩子"说话有礼貌"，但我们自己已经多久没有对伴侣说过"你今天还好吗"？家庭氛围不是静态存在的，它是我们共同努力的结果，就像一盆植物，不是因为没人浇水才枯萎，而是因为大家都以为别人会浇水。

有一个妈妈告诉我，她改变家庭氛围的第一步，就是每天晚饭后固定三分钟听孩子讲今天的"废话"。内容可能是今天班级里的同学发生了什么有趣的事儿，或者是在操场上踩到泥坑里了。她发现，当她认真听的时候，孩子眼神变了，变得更亮了。

想改变家里的氛围，不需要大动干戈，只要从多看孩子一眼，多听一段"无意义的废话"做起。把"你快点"换成"你需要我帮你做点什么"，把"快点写作业"换成"今天你最累的事情是什么"。这些看似简单的语言背后，是你在传递一个信息：我在意你的感受，而不仅仅是你的表现。

情绪不是家庭里的杂音，而是让家人变得亲密的入口。当我们学会回应感觉，而不是控制行为时，我们就在把"对抗"

转化为"连接"。

你不需要成为完美的妈妈，也不需要每次都回应得刚刚好。你只需要成为一个有觉察、有回应能力的人。因为情绪管理不仅是为了孩子，更是成全自己。当你开始允许自己有情绪，开始温柔地对待自己的疲惫时，孩子也会学会用温和而不攻击的方式表达自己。

家庭氛围的变化，不是一蹴而就的，而是由一次次细致的回应带来的。

请记得，当家开始变得沉默时，不要责怪谁先不说话，而是试着问一句："今天你还好吗？"这句话，是一束光，也是一扇窗，是我们彼此重新靠近的开始。

今日打卡任务

✓ 任务一	✓ 任务二
今天请认真听孩子说三句话，不打断、不评判，只回应："嗯，我在听。"	睡前回顾今天自己说话的语气，尝试觉察是否有情绪投射、命令式表达，记录一句你希望明天用温柔语气说出来的话。

1.3 孩子有抵触情绪怎么办

☀ 给妈妈的一句话：

孩子有抵触情绪，并不是在对抗你，而是在无声地诉说："妈妈，我还不确定自己能否被理解。"

有时候，孩子会说"不愿意""不想听""你别管我"，这些话像一面厚重的关闭的门，隔在了孩子与你之间。你想靠近一点儿，他却又把门关得更紧。你努力尝试了很多方法，但他始终一副"我就不配合"的模样，话越来越少，动作越来越慢，眼神越来越远。你会开始怀疑，是不是自己哪里做错了，是不是孩子故意在跟你作对。

在咨询室里，有位妈妈谈起她 10 岁的儿子，声音里透着委屈。最近，她发现孩子对任何建议都表现出强烈的抵触情绪。"你该写作业了""再不出门就迟到了""饭都凉了"……她原以为这些只是提醒，可孩子的反应越来越激烈，不是摔门，就是冷着脸。"我怎么说他都不听，"她沮丧地说，"我说轻了，他不搭理我；我说重了，他更炸。"

我轻声问她："他什么时候最不抵触你？"她想了一会儿，说："有一次我们一起拼图，什么都没说，他倒还挺专注，还给我倒了杯水。"她说这话时，神情有些柔软，那一刻，她想起了孩子不是"对抗的怪兽"，而是一个正在努力理解世界的、情绪丰富的小家伙。

　　我们常以为有抵触情绪就是不听话、不尊重，其实那只是孩子在表达："我此刻不确定自己是否可以被理解。" **抵触，往往不是从拒绝开始的，而是从不被理解开始的。**

　　在心理学中，这种情绪的封闭是有迹可循的。一个人在成长初期是否拥有**被理解的体验**，决定了他是否敢于表达真实的自己。当孩子总是在表达后被否定，被打断，被纠正，他就会学着隐藏感受，以回避再次受伤的风险。这并不是他们故意挑战你，而是一种自我保护。

　　特别是在亲子关系中，很多妈妈习惯用**解决问题**的方式回应孩子的情绪：孩子说"我不想去补课"，我们的第一反应是："那你怎么办？考试怎么办？"；孩子说"我好累"，我们马上回答："你还好意思说累，我不比你更忙？"……这些看似正常的回应，却在无形中传递出一个信息：你的感受不重要，重要的是我说得对。

　　久而久之，孩子不再表达，或者表达时情绪越来越激烈。因为他不确定，在你面前，他到底有没有**正常表达自己的权利**。

　　真正的改变，不是让孩子不抵触，而是让孩子知道，他的抵触也是可以被理解的。他可以说"我不想"，而你不会因此生气；他可以说"我讨厌你现在的语气"，而你不会立刻否定他。如此，他才会慢慢从对抗转向信任。

　　我曾建议那位妈妈做一个小实验：当孩子又一次说"你别说了"时，不要急着反驳，也不要立刻讲道理，而是先说："你现在不想听，是不是觉得有点烦？"起初她很难做到，因为她觉得自己已经够委屈了。但慢慢地，她发现，当她试着去"描述孩子的感受",而不是"纠正孩子的行为"时,孩子的回应变得不一样了。他没立刻道歉,也没有马上配合,但至少,不再摔门了。

她说,有一天孩子写作业写得很慢,她刚想提醒,又停了一下,说:"你是不是觉得这道题有点难?要不我们先缓一缓。"孩子盯着她看了一会儿,没说话,但她看到他脸上的肌肉放松了,那一刻,她知道她应该怎样去和孩子**沟通**了。

我们以为教育是给出答案,其实真正有效的回应,往往是陪他一起面对这个问题。不是告诉他应该怎么做,而是让他知道,不管你现在怎样,我都在。

当你遇见孩子的抵触时,不妨先停下来问自己三个问题:

第一,他的情绪背后是不是有更深的**无力感或焦虑**?

第二,我是不是太急于要改变他,而忽略了他的**节奏**?

第三,我的回应,是在**表达理解**,还是在**输出焦虑**?

有的时候,你的一句"你是不是不太舒服"要比"你怎么又拖拖拉拉"更有力量;一个点头、一次安静的陪伴,要比十句"我这都是为你好"更能打开孩子的心扉。

情绪觉察是种练习,更是一种信任的重建。当我们能够觉察到自己的焦虑,并不过度将这种焦虑投射在孩子身上时,我们就能温柔地看见对方。当我们能够从"改变他"转向"理解他",从"控制行为"转向"回应情绪",便是在为孩子搭建一座内在的安全堡垒。

而这一切的开始,不是改变孩子的态度,而是**改变我们自己看待"抵触"的角度。**孩子的抵触并非他们自身有问题,而是需要我们成为愿意多等五分钟、放软语气、从心底说出"我

懂你没那么容易"的大人。

愿我们都能在孩子说"你别管我"的时候，仍然陪在他身边，不加以责备，只轻声说一句："好吧，那我就在这里，如果你需要我，随时都可以叫我。"

你不用每一次都回应得刚刚好，你只需要成为那个愿意**陪着他、懂他、理解他**的妈妈，那就已经足够好了。

今日打卡任务

✓ 任务一	✓ 任务二
回忆今天孩子出现抵触情绪的一个瞬间，试着用一句"他的感受＋理解回应"的话重构对话，比如："你是不是觉得被催得有点儿烦？我理解你有自己的节奏。"	睡前写一句明天要用在亲子对话中的"非评判式语言"，例如："我听懂了，你现在有点不想说话，那我等等你。"

1.4 家长掌控欲强怎么办

控制只能让孩子暂时听话，理解才能让他们一生都愿意亲近。

有时候，我们**控制得越多**，亲子关系反而越僵。越是让孩子按照你说的做，孩子就越是什么都不听。很多妈妈不是不知道要放手，而是放不下那颗时刻担心孩子出错的心。于是孩子的学习进度、作息时间、交友方式、情绪状态，甚至连洗漱顺序、穿衣的颜色，都在她们的掌控范围之内。

"我不是想控制他，我只是想帮他把路走好。"一位妈妈坐在我面前时，几乎是含着泪说出的这句话。她的孩子刚上五年级，每天放学回家她都会守在他旁边监督写作业，孩子写得慢了她就催，孩子做错了她立马纠正，孩子走神了她就批评。孩子原本是个安静听话的男孩，现在却总是闹情绪、顶嘴、拖拖拉拉，一提学习就皱眉头。一开始她以为是孩子贪玩，后来孩子的班主任对她说："可能是家长管得太紧了，孩子有厌学倾向。"

她听完很震惊："我这么努力地管他、盯着他，不是为了他好吗？"

这是很多妈妈的真实写照：**越是用心，越是焦虑；越是焦虑，越想掌控；越想掌控，越遭反弹**。我们以为自己很"尽责"，

孩子感受到的却是"压迫";我们以为是"爱的安排",他们感受到的却是"被剥夺"。

为什么我们总是忍不住要掌控一切?其实,这背后藏着大人们深深的不安。对孩子的不放心,归根结底是**对世界的不安全感**,是一种"如果我不管,他会搞砸"的焦虑。而这种焦虑,往往来源于我们自己成长中的经历。

小时候,我们很多人并没有机会掌握自己人生的节奏。我们习惯了按部就班、听从安排,也习惯了做一个听话的好孩子。于是当我们成为母亲时,很自然地复制了那个"掌控的角色"。**不是出于恶意,而是出于保护。**只是,这份保护,太沉重了。

在心理学中,有一个概念叫**"控制性依恋"**——一个人为了获得内心的安全感,会倾向于控制外部的一切。这种控制,在亲密关系中表现得最明显,尤其是在母亲与孩子之间。因为孩子太重要了,所以我们更容易将他视为不能出差错的计划对象,而不是一个可以自己成长的生命个体。

一个孩子在健康成长的过程中,需要的是家长能够提供一个安全且不过度干预的环境。在这个环境里,有界限、有温度、有信任,也有空间。

真正的育儿,不是把孩子变成你想象中的样子,而是帮助他成为他想成为的样子。掌控的对立面,不是放弃,而是在信任中逐步引导。

我建议那位妈妈尝试给孩子一些**小决定权**,比如,让他自己选择先写哪门作业,或者自己规划时间。刚开始,她觉得很不安,总想插手,可她逼着自己忍三分钟,三分钟不问,五分钟不催,然后慢慢延长到十五分钟。一开始孩子也不适应,甚至还想借机偷懒。但她学会了一种新的回应方式，不是"你怎么还不开始？"而是"你计划几点开始？跟我说说，到时候我可以提醒你一下。"她把指令换成了询问，把安排变成了讨论。

一个月后，她告诉我，孩子写作业不再抗拒了，偶尔还能主动说："我写完数学可以看十分钟漫画吗？"她没想到，那个曾经让她操心的孩子，其实并不是不行，而是一直没被相信过。

掌控，是因为我们太怕孩子出错；但成长，恰恰是通过不断试错完成的。我们怕孩子跌倒，怕他输在起跑线，怕他走弯路，可是谁的人生没有弯路？我们能做的，不是替他清除障碍，而是在他跌倒时有一双能接得住他的双手，一颗能理解他的心。

如果你发现自己控制欲强，不妨先做一次**自我觉察**。你控制的，是孩子的行为，还是你自己的焦虑？你对他说的每一句话，是出于帮助他，还是出于让你自己安心？当你觉察到这些，你才有可能真正放松下来。

可以试着在纸上写一写：我最怕孩子做不到的三件事分别是什么？我担心的后果是什么？我是否过度放大了这些担心？这些记录并不会立刻改变你的育儿方式，但会让你多一些对自我的理解，从而**不再把控制投射到孩子身上。**

我们也可以练习用**"支持型语言"**替代"控制型语言"。比如，把"你必须现在去洗澡"换成"你打算什么时候洗澡？我可以提醒你"；把"你今天怎么又拖拖拉拉的"换成"今天是不是有点累？我在这儿陪你理一理任务"；把"别做了，这样不对"换成"你愿意听听我的建议吗？"

你会发现，当你愿意给出空间时，孩子会还你信任。这就像放风筝，线放长了，风筝飞得才稳，你收得越紧，风筝挣得越狠。对孩子也一样，你适当放手，他才能飞得更自由，也更愿意回头看看你。

请记得，你不必是那个什么都安排妥当的妈妈。你可以允许自己慌乱、困惑、害怕，也可以慢慢练习**用轻松一点儿的心情去看待孩子成长的每个阶段**。你不用成为全能妈妈，但你可以成为那个"相信孩子可以做到，也相信自己可以陪着他"的人。这份信任，是他前行的底气，也是你内心真正的自由。

今日打卡任务

✓ 任务一	✓ 任务二
回顾今天你对孩子说过的一句话，判断它是"控制式语言"还是"支持式语言"。尝试将其改写为更尊重孩子自主性的表达方式。	列出一件你今天本想插手但最终忍住没有干预的事，并记录孩子的表现。觉察你的控制欲背后，是焦虑，还是不信任。

1.5　陷入无意识攀比中怎么办

🌞—给妈妈的一句话：

　　真正的成长不是胜过别人，而是勇敢地看见并接纳独一无二的自己，也允许孩子成为他自己。

　　你有没有这种时刻？明明上一秒还沉浸在孩子画完一幅画、认认真真刷完牙的满足里，下一秒刷朋友圈，看到别人家的孩子刚学完奥数、过了钢琴十级、阅读了十本绘本，妈妈还配上了"每天都很努力的你，辛苦了"之类的温情文字。你心里忽然一紧，那股"我是不是不够努力""我们是不是落后了"的焦虑，像一阵突如其来的风，吹乱了原本平静的心湖。

　　我曾接待过一位妈妈，进门的第一句话就是："我是不是管得太松了？别人家的孩子都在上补习班，我家儿子却还在玩。"她脸上写着愧疚，语气里却藏着委屈。她说，她本不想让孩子太早卷入那些课外班，可每次听到别的妈妈说起"哪家机构""哪个老师"，她就控制不住地怀疑自己："我是不是太放松了，会不会耽误了孩子？"

　　我问她："你家孩子喜欢他在做的那些事吗？"她点头："很喜欢，他最近爱画画，天天看着漫画书自己研究。"我又问她："你觉得他最近状态好吗？"她低头沉默了一会儿，说："其实……还不错，睡得好、吃得香，也愿意和我分享。"

　　这位妈妈能感受到孩子正在成长，却在无形中被一股攀比

的浪潮裹挟着往前冲。就像一条看不见的跑道，每个妈妈都在心里默默起跑，却不知道终点在哪里，也不知道比赛是不是非赢不可。

其实，许多妈妈都曾在某个瞬间陷入无意识的育儿焦虑中。这种攀比并非始于"我要赢"的心态，而往往源于"别人都在做，我不做会不会后悔"的疑虑。这种疑虑如同无形的雾气，从朋友圈、育儿群、家长会等地方悄然蔓延，逐渐扰乱了我们原本清晰的判断力与生活节奏。

当我们太依赖外部标准来判断自己是否做得够好时，我们就会忽视自己内在真实的情感和价值判断。久而久之，我们的生活变得不再根据孩子的实际需求出发，而是根据外界的刺激来"赶进度"。而这种焦虑，又往往源于我们自己小时候未被满足的那份"被看见感"。我们习惯了通过成绩、排名、奖状来获得认可，所以当我们为人父母时，我们也习惯用结果来证明自己的育儿是否成功。可孩子是活生生的生命，不是可被公式计算的项目。成长从来不是线性的，不是多补几节课、提前练几项技能就一定能换来更顺利的人生。

我们以为自己在努力为孩子铺路，但有时候，我们只是在不断复制另一个"标准化的童年"。那位妈妈后来告诉我，她小时候最怕的是别人说她不够好。于是长大后，她就特别想让孩子被人夸奖。不过她渐渐觉察到，那并不是真正属于孩子的成长节奏。

觉察，就是转变的第一步。当我们意识到"我为什么这么焦虑""我在和谁比较""我真正在意的是什么"时，我们就拥有了选择——选择不盲从，选择不再用别人的节奏定义自己的育儿方式。

我鼓励那位妈妈做一个练习：每次刷到朋友圈，看到别人家的孩子完成了什么目标时，就把注意力拉回当下，问问自己："我的孩子今天做过什么让我欣慰的事情？"也许是一句有趣的话、一幅随手的涂鸦、一个温柔的拥抱，可正是这些看似平凡的时刻，才是他人生中最真实的成长轨迹。

我们也可以练习写"减压日志"：每天写下一件让你焦虑的比较事件，写下它背后的情绪，然后写下三件你孩子今天独立完成的、值得肯定的事情。这个练习的意义，不是"假装满足"，而是帮助我们用现实感取代幻想，用具体的事实对抗"别人家的孩子"投射带来的幻觉。当我们日复一日地记录，会逐渐发现，那些曾以为天大的焦虑，不过是被放大的影子；而孩子身上的闪光点，就像夜空中的繁星，一直在默默闪烁。这些真实的记录，会成为打破育儿焦虑怪圈的利器，让我们的目光从虚幻的比较中抽离，真正聚焦于孩子本身的成长轨迹。

你会发现，真正让孩子建立自信和内在力量的，不是早一些让他掌握多少知识点，而是在按他自己的节奏成长时，能被看见、被接纳和被支持。当孩子满心欢喜地向你展示他花费半小时拼好的积木，尽管那只是简单的造型，却藏着他专注探索的热情；当他鼓起勇气尝试新事物却遭遇失败，不是迎来责备，而是得到一个温暖的拥抱与鼓励的话语时，他便会懂得，无论成功与否，自己都是被爱的。这样的成长环境，会让孩子的内心逐渐充盈，拥有面对未来挑战的底气与勇气，而这才是伴随孩子一生的宝贵财富。

如果说"控制型干预"像是在后面推着孩子跑，那么"支持型回应"就像是在孩子身边**并肩而行**。有时候我们可以走快一点儿，有时候我们也要停下来等一等，看一看他在想什么、需要什么、喜欢什么。当孩子驻足观察路边的蚂蚁搬家，不要催促他快走，不妨也蹲下身来，和他一起探索这个微观世界的奇妙；当孩子对某个领域表现出浓厚兴趣，哪怕与你设想的发展方向不同，也尽全力支持他去尝试、去钻研。在并肩同行的过程中，我们不仅能更深入地了解孩子，还能在潜移默化中给予他安全感和力量，让亲子关系在相互理解与陪伴中愈发紧密。

真正的"好妈妈"，不是在朋友圈里靠攀比获得胜利，而是在孩子心里埋下温暖的种子。他不一定要成为孩子里的第一名，但他一定会记得，自己的妈妈，在他想慢一些的时候，没有拉他，而是陪他一起慢下来，安静成长。

今日打卡任务

✓ 任务一	✓ 任务二
今天记录一次你在看到"别人家孩子"信息时的第一反应，并写下它背后的情绪词：焦虑？担心？羡慕？不安？觉察是转变的第一步。	给孩子写一句今天你想夸他的话，重要的是不一定他做得有多好，而是他带给你的那份特别，比如"我喜欢你画画时认真的样子，特别像一个有主意的大人。"

孩子的天赋妈妈懂

2.1 突破传统思维误区

孩子的成长不是复制大人的世界，而是在被理解的过程中，找到属于他自己的方向。

你有没有遇到过这样的瞬间？孩子提出一个看起来不太合常理的请求，比如用牙签搭房子；明明自己穿反了衣服却说这样更舒服；执意要用图画表达作业内容，而不是文字。你一边被他的奇思妙想逗笑，一边又很快切换成严肃脸，说："这不合规矩，先把正事做好，你怎么总是这么异想天开？"

有一位妈妈在咨询中和我说，她的女儿最近写作文总爱用第一人称扮演小猫、小狗，老师点名批评她偏题，这位妈妈自己也开始着急了，说："你就不能像别的孩子一样，先学会规矩，再发挥创意吗？"有一天女儿在写作文，她一边准备晚饭一边指导："这次别用拟人的写法了，按老师说的来。"结果女儿把纸

一撕，说："我就喜欢这样写，不用你教。"

"她以前不是这样的。"妈妈叹了口气，"以前很听话，我一说她就改，现在怎么越来越倔了？"

我问她："她变倔了，还是变得有主见了？"她一愣，没有接话。

很多时候，我们并不是不希望孩子有创造力，而是希望他**在我们圈定的框架里创造**。换句话说就是，你可以自由，但要在我的许可范围内。这其实是一种看似合理、实则**限制性极强的控制**。而我们之所以容易落入这个误区，往往并不是出于强硬，而是出于担忧：怕孩子走偏、被批评、吃亏、落后。

但如果我们永远不敢让孩子偏离轨道一步，又怎么知道他脚下有没有另一条路？

孩子的天赋表达阶段往往从三四岁就开始显现，他们开始以独特的方式看待世界、表达感受、选择路径。但如果这个阶段的探索总**被打断，被扼杀，被贴上"不合规矩"的标签**，那么他们很快就会转向顺从，甚至过度依赖外部指令，不再尝试，不再相信自己的判断。

这也是很多妈妈经常苦恼的："我家孩子一点儿主见也没有，什么都要我决定。"但她们却没有意识到，正是"我替你决定比较快""你听我的不会错""老师说了你就按她的来"这样的话语，一点点削弱了孩子的**自主性**。

那位妈妈后来告诉我，有一次女儿又拿出写满小动物对白的作文初稿，她正想张嘴去劝导，却忍住了。她试着说："这篇我能听你读一遍吗？我挺想知道小狗是怎么想的。"女儿很惊讶地看了她一眼，然后特别认真地读完了整篇。她没有打断、没有修改，也没有立即评价，只是说了一句："我听懂了，小狗好像有点委屈又想要被看见，对吗？"女儿的眼圈一下红了，点点头，说："对。"接着轻轻地说："谢谢你听我读完。"

这一次，她用倾听替代了指导，用共鸣替代了评价。她发现，当她不再执着于"教会孩子怎么做"，而是愿意"听懂孩子为什么这么做"时，亲子之间的沟通就变得容易多了。

我们不是要否定所有规则，而是要让孩子明白：规则不是用来压制你的，而是用来保护你的，帮助你看清选择背后的逻辑。当孩子能够参与规则的制定，他就会更愿意去遵守。

试试看，在一些小事上让出决策权，比如，让孩子自己决定今天阅读时间是晚饭前还是睡觉前；自己挑选衣服、整理书包、安排周末时间。当孩子习惯了表达自己的意愿，他就更容易学会尊重别人的意愿。

在咨询中，我常带家长练习"三步协商法"：

第一步，说出观察到的事实；

第二步，表达自己的感受与需求；

第三步，邀请孩子一起制定规则或改进建议。

比如，"我注意到你今天没有按时完成阅读计划（事实）；我有点担心你没能坚持下来会影响自信（感受）；你觉得我们是不是可以一起制订一个更适合你的计划？（协商）"

这样的对话方式，不仅是情绪管理的练习，更是在教孩子：每个规则的背后，是一个人的心，是一段关系，是一次共同完成的过程。

反观我们小时候，大多数人听到的规则是"老师说了""长辈定了""大家都这样做"，很少有人解释为什么要这样做。于

是我们把"顺从"误认为是"优秀"，把"不提问"当成"礼貌"，把"照做"理解为"安全"。**但这些无意识的顺从，终究会在成长的某个阶段，让我们忘了怎么为自己发声。**

我们不能回到过去重新经历自己的童年，但我们可以选择，用另一种方式陪孩子走过他们的童年：不是按照谁设定的标准，而是依照他们自己的节奏。你会发现，当你愿意慢下来陪他们讨论，而不是抢先决定；愿意听听他的小逻辑，而不是直接压下去；愿意把"我为你好"换成"我理解你"时，那个原本你觉得不听话、想太多的孩子，其实正慢慢找到属于他的人生方向。

你不用是一个知道所有答案的妈妈，你只需要是那个**能陪孩子一起探索**的妈妈。别怕他绕远路，有时候，那才是他找到自己的唯一道路。也别怕他不听话，很多不听话的背后，其实是他在试图告诉你："我想长成我自己。"

 今日打卡任务

任务一	任务二
今天请回忆一次你因"孩子的想法不符合常规"而产生纠正冲动的时刻，写下当时你的第一反应，并思考这背后是焦虑、经验投射，还是对权威的依赖？	与孩子共创一条"生活小规则"，例如，"放学后写作业和休息的时间怎么安排"，并记录你是否给足了孩子协商的空间和表达自由。

2.2 夸对了才有用

真正有力量的夸奖，不是让孩子听起来舒服，而是让他看见自己努力的样子，并愿意继续走下去。

"你真棒！"这句夸奖你是不是也常常挂在嘴边？孩子写完作业、画完画、吃完饭、拿了小奖状，我们会条件反射式地说一句："真棒！"但你有没有发现，刚开始孩子还会高兴一下，后来好像就不太有感觉了？甚至有时你说完，他只是撇撇嘴。

在咨询中，我曾遇到一位妈妈，她特别重视正面反馈，几乎每天都会用各种夸奖来激励孩子，从"你太厉害了"到"你永远是妈妈的小冠军"，她自认为已经非常努力在用积极养育的方式带娃。可她也困惑："为什么我越夸，他越不在乎？甚至还有点反感？"

她讲了这样一个细节：有一天孩子自己收拾了玩具，她一边擦桌子一边顺嘴说："哇，你真棒，收得这么快！"结果孩子板着脸说："我就知道你要说这个。"

那一瞬间她觉得很受伤，也有些无力。

我问她："你夸奖时，你是看到了孩子的行为，还是只是说出了你以为的好听话？"她愣了一下，然后说："我以为这就是夸奖啊……"

其实，大多数家长都会在这个问题上犯错。不是不想夸，

而是不知道怎么夸才对。那种泛泛的"真棒""你最厉害了"，就像给孩子贴了个亮晶晶的标签，看起来很美，但毫无作用。孩子听得多了，慢慢就会对这样的夸奖**失去感受力**，甚至觉得你根本没有认真看我在做什么。

在心理学中，这种缺乏具体内容的夸奖被称为**"泛化认同性夸赞"**，它很容易让孩子把外在评价当成目标，逐渐**忽略过程、忽略自我感受**，甚至发展出"讨好型人格"或"成就依附型自尊"。

而孩子真正需要的，是一种能够帮助他们看到自己的夸奖。这就像一面镜子。当孩子完成一件事时，你的语言是一面能照出"他的努力""他的专注""他的改变"的镜子，而不是一面只说"你最棒"的模糊镜子。只有当孩子清楚地知道自己被看见做了什么，他才能对自己的行为**建立真实的认知感。**

我鼓励那位妈妈试着换一种夸讲方法。比如，当孩子收拾玩具时，她不要急着说"你真棒"，而是先蹲下来认真看一眼，然后说："你刚刚把那些小车一个个放回盒子里，我看到你很认真地把它们排整齐了，好像还分了颜色，对吗？"孩子听完点点头，笑了，说："因为我觉得红色和蓝色不该混在一起。"

这一刻，她不是在夸奖，而是**在看见**。而这份被看见的感受，远比"真棒"两个字有力量。

当夸奖变得**具体、真实、有指向**时，孩子不仅情绪更稳定，还会更愿意重复那些被肯定的行为，因为他开始意识到："我做得好，不是因为别人说我棒，而是因为我真的有努力、认真、动脑。"

不是每一次都必须说出长篇大论，我们可以在语言上做到三个关键词：**具体内容、行为过程、内在感受。**

比如："你刚刚主动把作业拿出来写了，妈妈看到了你没有等别人提醒，这让我觉得你越来越能管理自己了。"

"你刚刚花了十分钟专注拼这个拼图，中间遇到困难你也没有放弃，我觉得你真的很有耐心。"

"你刚刚在游戏里输了，但没有发脾气，妈妈知道这对你来说是种成长。"

这类表达既是夸奖，也是情绪教育，更是一种成长型思维的培养。

那位妈妈练习一周后回来跟我说："我没想到他听得那么认真，有时候我说完，他还会自己补充一句'其实我开始有点想放弃的'，然后我们就会多聊几句。"

如果你担心自己一时不会夸、夸不准也没关系，重要的是"你愿意看见"，而不是"你会说什么"。哪怕只是一句"我看到你刚刚遇到了困难，但你还是做下去了"，也足够温柔，足够真实。

在这个夸孩子都得小心的时代，我们不是在放弃夸奖，而是在选择用更精确的语言，去滋养孩子的内在力量。那些从心里长出来的自信，才不是一句"你真棒"就能种下的，而是在**被看见的每一个小努力里，一点一点长成的。**

你不需要像教练一样时刻表扬孩子的进步，也不需要像导师一样精准点评。你只需要温柔地告诉孩子："你努力的样子，我看见了；你挑战自己的瞬间，我记得了；你在为自己成长，这件事，比什么都珍贵。"

你看得越细，他就越有力量。 你不用成为夸得最好的妈妈，但你可以成为那个最愿意认真看孩子一点一滴努力的妈妈。哪怕只是多说一句"我注意到你刚刚皱了眉头，但还是试了第二次"，都能让他深深感受到：**在这个世界上，有一个人，不只在意结果，而是真心在意他走过的每一步。**

今日打卡任务

✓ 任务一	✓ 任务二
回忆今天你说过的一句"真棒"，将它改写为具体、过程导向的夸奖。例如："你真棒"→"你刚刚在拼图遇到困难的时候没有放弃，还试了两种方法，真的很专注。"	写一条"我看见你"的留言给孩子：今天他做过的一件小事，配上一句"我看到你……"的真实反馈，不评判、不夸张，只表达你看到的过程与变化。

2.3 贴标签会限制自我认知

　　你说孩子是什么，他很可能就会朝那个方向发展。标签不是镜子，而是塑形的语言，它既能鼓励，也能限制。

　　"你怎么总是丢三落四""你就是粗心大意""你这个孩子太胆小了"……这些话你是否也说过？有时候我们说得轻描淡写，有时是带着恨铁不成钢的情绪，想用这样的提醒来促使孩子进步。但你发现没有，孩子听完要么沉默，要么会和你顶嘴。似乎你越想让他改掉这个毛病，他反而陷得越深。

　　一位妈妈曾在咨询中告诉我，她的女儿特别容易在考试中粗心，她每次都忍不住说："你看你又是因为粗心丢分！"时间久了，孩子对"粗心"这个词越来越敏感。有一次写作业时她只是提醒一句"认真点"，女儿就翻脸："我知道你又觉得我粗心！"那一刻，这位妈妈突然意识到，这两个字，已经成了女儿心里一个巨大的阴影。

　　我们以为贴上标签是为了指出问题，但其实很多标签，一旦被重复，就变成了孩子对自我认知的内在设定。心理学上称之为"自证预言"机制：当一个人反复被暗示自己是某种类型时，他就很容易开始用那种方式思考和行动，从而不自觉地活进那个标签之中。

　　尤其在亲子关系里，孩子的大脑正在建立"我是谁"的基

本结构，他的自我认知，很多时候就是从父母的语言中拼凑出来的。你说他聪明，他会尝试理解"聪明的人怎么做"；你说他懒惰，他可能就默认"我反正就是那种不爱动的人"。久而久之，他就不再去探索"我还能成为什么"，而是被困在"我就是这样的"身份里。

我们之所以容易标签孩子，其实很多时候，是我们没有意识到自己也曾被贴过标签。那位妈妈后来回忆起自己小时候，每次做错题，妈妈就会说她"心不在焉""脑子慢"，于是她渐渐也觉得自己没那么聪明。哪怕后来成绩很好，她也总觉得我只是比别人更用功罢了。她说："我其实也讨厌被贴标签，可我没意识到，我正在给我的孩子贴上标签。"

这就是"原生标签模式"的悄然流转。我们不是故意的，只是缺少替代表达。那我们应该怎么做，才能既表达关注，又不限制孩子的自我认知？

首先是觉察。当你忍不住想说"你怎么又……"的时候，试着在心里按下暂停键，问问自己：我真正想表达的，是这个孩子的身份属性，还是他的当前行为？把"你太粗心了"换成"我看到你这道题是因为没检查才错的吧"；把"你太胆小了"换成"我感觉你这次在表达前有些犹豫，你是不是担心被当成笑话？"

这样的语言，不再是身份归因，而是行为描述。不带评判，也不制造定性。更重要的是，它能给孩子提供一个行动的切入口——我错在哪里，我可以怎么改，而不是"我就是这个样子"。

其次是回应孩子的未说之语。很多标签背后，其实是孩子未被理解的感受。那个被说胆小的孩子，可能是对陌生环境缺乏安全感；那个被说磨蹭的孩子，可能是任务太重，不知道怎么开始。**你越能挖掘标签背后的情绪，就越能找到精准回应的入口。**

比如，孩子不愿回答问题，别急着说"你就是爱躲"，而是可以轻声问："是不是你有答案，但怕说错？"这句话像一把钥匙，能打开孩子被误解时的沉默之门。

再次是**用"流动型语言"取代"定型化语言"**。与其说"你是一个不爱分享的孩子"，不如说"我注意到这次你选择自己玩，也许你更需要一些独处时间"。与其说"你一直都不专注"，不如说"今天你的注意力似乎有点容易被打断，我们要不要试试提高一下自己的专注度？"

这种语言背后，是我们对孩子成长的信任。我们不再用一次表现定义一个人，而是相信他此刻的状态是可变的，是可以练习、可以被支持的。孩子也会慢慢在这些语言中，建立"我可以改变""我不是一个被定死的标签"的**自信**。当我们用信任的话语浇灌，就如同在孩子的心田播下希望的种子。也许今天他还在为学不会骑自行车而沮丧，但一句"我相信你多练习几次，一定能掌握平衡"，会让他眼中重新燃起斗志。随着时间推移，这些充满信任的话语，会成为孩子面对挫折时自我激励的底气，支撑他们在成长路上不断突破自我。

你不用每次都完美地表达，但你可以从今天开始，把"你总是""你就是"这样的句型，变成"这次我看到你……""你这次的做法是……"这样的句式。改变就在这小小的语言转换之间，原本带着指责意味的"你总是丢三落四"，换成"这次我看到你把书包整理得比上次整齐多了"，孩子感受到的不再是否定，而是被关注和认可。从今天起，每一次有意识的语言调整，都是在为亲子沟通搭建一座温暖的桥梁，让孩子更愿意敞开心扉，也让我们更能走进孩子的内心世界。

你不必成为心理学家，但你可以成为那个愿意觉察自己说话方式的妈妈。哪怕只是一次暂停、一句改写、一份理解，也足以为孩子打开一条通往真实自我的路径。

孩子的天赋，不在于被我们定义得多准，而在于被允许有更多可能。他不是一个被标签分类的产品，而是一个在关系中寻找自我、慢慢展开生命的独特个体。就像春天的花园，每一朵花都有自己的花期和姿态，我们要做的不是强行修剪，让所有花朵都长成同一种模样，而是给予充足的阳光、水分和耐心，静静等待属于他们的绽放时刻。当我们放下定义和束缚，孩子便能在广阔的天地中，发现自己的热爱，挖掘无限的潜能，书写独一无二的人生篇章。

你越愿意撕掉标签，他就越能贴近真实。愿你在每一次想给孩子贴标签的时刻，给孩子，也给自己一个重新认识彼此的机会。也许，你会惊喜地发现，那个你以为的孩子，其实比你想象中更聪明、更有潜力。

今日打卡任务

✓ 任务一	✓ 任务二
今天记录一次你几乎要说出"你总是……"的话，并将其改写为"我看到这次你……"的句式表达，觉察情绪背后的期待与紧张。	给孩子写下一句"可能性的鼓励语"，比如"你其实也可以慢慢来，我知道你有调整的能力"或"你今天虽然没有说话，但我感觉你在认真思考"。

第二篇

·精准回应情感诉求·

针对真正需求的沟通技巧

3.1 孩子不是"黏人精"

给妈妈的一句话：

　　孩子黏人，不是退步的信号，而是他用尽全力在告诉你：我需要你。

　　"你都这么大了，还总要我陪！"这大概是很多妈妈忍不住脱口而出的那句话。尤其当孩子到了上小学的年纪，晚上还要妈妈陪着睡觉，写作业一定要拉着手才能开始，甚至你一出房间他就追出来。你心里有些烦，又忍不住担忧："是不是我太宠他了？是不是他太依赖我了？"

　　我见过太多妈妈，用"独立"去压制孩子的依恋。当她们听到别人家孩子一个人睡、自己做作业、放学不用接时，总是会忍不住自责："我怎么带出了一个这么黏人的孩子？"

　　一位妈妈曾在咨询中说起她六岁的儿子，每天放学回家第一件事不是放书包，而是喊："妈妈你来坐我旁边。"写作业时她不在就不动笔，洗澡时要她守在门口，睡觉时要她握着手指。"他上幼儿园的时候都没这样，现在反倒退步了。"她皱着眉问我："是不是我哪里做错了？他是不是缺乏安全感？"

我没有直接回答，而是问她："你最近有没有发生什么变化？"她想了想，说："我刚换了份新工作，下班晚了，有时候他睡着了我还没回家。"

这就是我们常常忽略的部分：孩子黏人，不是突然冒出来的行为，而是对环境变化的自然回应。他不会说："我感到不安，我需要陪伴。"他只会一遍遍地叫你："妈妈你来。"

我们习惯用成长的里程碑来评判孩子的状态，认为独立就是成熟的标志。可是我们却忽略了：依恋也是一种成长的信号。在心理学上，孩子对照料者的依附行为，是构建安全感的关键通道。当一个孩子在面对新的环境、不确定的变化或内在的不安时，重新寻求靠近，是一种对抗混乱、寻求秩序的自我调节方式。

孩子的"黏"不是问题，而是一种表达。而父母的回应方式，会决定这份表达是被温柔回应了，还是被无情压制了。

如果我们用"你这么大了还这样"去回应，孩子只会觉得：我的需要不被允许，我的情绪不被理解。于是，他要么更用力地黏人，要么干脆断开情感联结，看起来乖了，其实内心却退缩了。

那我们到底该怎么做，才能既不打击他的依恋，也不固化依赖？

首先，我们应该看见需求而不是评判行为。当孩子说"妈妈你陪陪我"时，我们先不急着推开，而是回应情感："你今天

是不是特别想我?"或者问他:"你是不是觉得一个人写作业有点孤单?"这种回应不是纵容,而是看见。他在你的言语里,听见了自己未被说出的感受。

其次,应该分辨"情感需求"与"能力不足"。很多时候孩子黏人并不是情绪不稳,而是对任务的无力感。写作业时说"妈妈你坐我旁边",可能不是情感依赖,而是对某个内容不懂又羞于启齿的焦虑。这个时候我们要做的,是在陪伴中提供引导,比如说:"我们一起看看这道题,你可以先试着做一下,不会的话我会给你提示。"孩子得到的是支持感,而不是包办。

我们再来练习"渐进式分离",让孩子在亲密中获得安全感,也慢慢建立独立性。比如睡前可以先一起聊五分钟小秘密,然后说好"聊完要立马睡觉";做作业可以先陪五分钟,然后告诉他"我去倒杯水马上回来",再慢慢延长间隔。在这个过程中,要让孩子知道你不是消失了,而是"我一直在,只是换种方式陪你"。

最后,也是最容易被忽略的一步,是觉察我们自己的情绪反应。为什么我们那么害怕孩子黏人?很多妈妈在被孩子反复叫唤、拉扯时,会涌出一种我被需要得喘不过气的疲惫感。你不是不爱孩子,只是太久没照顾好自己。

这其实是我们自己的情绪调节出了问题。真正健康的连接,不是一味满足孩子的需求,而是你在回应他的同时,也在照顾好自己的感受。当你累了,你可以温柔但坚定地告诉他:"妈妈现在有点累,需要自己安静一下,我休息十分钟再来陪你,好吗?"你不需要做"永远在线"的妈妈,而是做一个"诚实、温柔、有界限"的妈妈。

有个妈妈说得很好："我不怕他需要我，我怕我自己没有力量回应他。"所以，照顾孩子的情绪需求之前，请先照顾好你自己。

我们以为成长的路是从依赖走向独立，但其实真正的独立，是在被允许依赖的关系中自然发生的。当孩子知道"我可以靠近你，也可以走开"，他才会真正有勇气去探索外面的世界。

你无须让孩子变得不黏人，也不必做永远陪伴的妈妈，但你可以做到即便离开，也能让孩子知道你会始终陪在他的身边。

今日打卡任务

✓ 任务一	✓ 任务二
今天当孩子"黏"你的时候，不要立刻拒绝，尝试回应他的情绪，比如"你是不是今天特别想我？"或"是不是这题有点难，你需要我给你点提示？"并记录他的反应。	觉察自己在孩子反复要求陪伴时的内在感受，是愧疚、烦躁、疲惫，还是不被理解？用一两句话写下这份感受，并思考：我是否也需要一些情感支持？

3.2 孩子总插话抢话？精准引导表达欲

 给妈妈的一句话：

孩子抢话，不是不懂礼貌，而是<u>太想被听见</u>。

你有没有过这样的时刻？你正跟别人说话，孩子忽然从旁边插进一句："妈妈你知道吗？我刚刚看到一只超大的猫！"你刚想回应，孩子已经急不可待地讲起来。或者你和另一位家长交流时，孩子不停地说"妈妈你听我说"，一刻都不愿意等。你试图安抚他，说："等一下，先让妈妈说完这句话。"可他不依不饶，甚至声音越来越大。你终于忍不住，压低声音训斥道："别插嘴，没礼貌。"

他噘起嘴，眼神委屈，悻悻地退到一边。

我们太熟悉这样的场景了。大人说"插嘴是没规矩"，孩子觉得"我只是有话想说"。**你以为他没教养，他以为你不愿意听。**你想让他安静有序，他只是想让你听见他的声音。

在咨询中，有一位妈妈苦恼地说："我家儿子特别爱打断别人，一开口就停不下来。我不是不愿意听他讲，但他总在不合时宜的时刻插进来，真的让我很烦。"我问她："你有没有注意过他插话时的状态？比如他的眼神、语气、表情？"她一愣，说："他通常眼睛很亮，语速很快，好像生怕错过什么。"

这恰恰是关键。

孩子的插话行为，其实是**表达欲在找出口**。他不是想打断你，而是**怕被忽视**。他怕那句话不说出来就再也没人听见。他着急，是因为他心里有一个强烈的声音："你得快点说，否则就没人在意你了。"

我们之所以把抢话看作是不礼貌的行为，很多时候，是在**复制自己的成长经验。**也许我们小时候说话就总被打断，被否定，认为很烦人，我们学会了"听话就是不打断""乖孩子要等别人说完"。当我们带着这套标准来要求孩子时，其实也在某种程度上延续了压制孩子的表达这套模式。

在心理发展的关键期，**表达欲是一种非常健康的生命信号。**它意味着孩子正在尝试组织思路、输出语言、表达情绪。如果我们动不动就用"闭嘴""不许插嘴"去打断他，不仅扼杀了孩子的表达热情，也可能让他们习得"我说话是不受欢迎的"这种想法，从而转向沉默、退缩、压抑。

那是不是就放任孩子随时说、抢着说？当然不是。我们要做的，是在保护表达欲的同时，教会孩子如何有序表达。

我给那位妈妈提供了一个**"小小表达训练法"**，方法分三步：**第一步，肯定意图；第二步，告知规则；第三步，设置出口。**

当孩子想插话时，可以试着对孩子说："我看到你有话想说，妈妈也很想听。现在我正说到一半，我们说好我讲完你再说，好吗？"接着，她让孩子拿一块"发言石"，轮到谁说，石头就放在谁手上，说完交给对方。孩子一开始还有些急，但她不断重复："你说的话我在意，我们轮流说，我不会忘记你要说的。"几天后，孩子不再急匆匆地打断，而是等着拿到石头再认真讲述。

你看，表达其实不需要压抑，而是需要一个出口。孩子要

知道："我可以说，而且我说的话会被听见。"

我们还可以用**"表达预约法"**引导孩子组织语言。比如孩子说："妈妈我现在就要说！"你可以回应："我马上说完，我们说好你用'妈妈，我有一件事想和你分享'来开始，好吗？"这是给他建立表达格式，让他说得更有序，也更容易别人理解。

孩子不是没礼貌，而是**没学过怎么礼貌地表达情绪和想法。**当我们一味指责孩子太没规矩，而不是手把手教他如何表达，孩子就永远处在说不对也说不出口的困境里。

尤其当你发现孩子特别爱插话、抢话、重复说一句话，甚至语速很快、眼神焦躁的时候，不妨停一停，问问自己：他是不是在用语言调节情绪？他是不是害怕自己被忽视？他是不是只是太渴望表达了？

在孩子眼里，说话从来不是一种行为标准，而是**一种"能不能被听见"的心灵信号。**当你愿意放下"规矩"的紧绷，而先去回应"他想说"的渴望，规则的建立才有温度，也才有可能真正被他内化。

我常和妈妈们说："表达是孩子的一种能力，但**倾听是我们作为父母的一种修养。**"我们想让孩子懂得等待、轮流、有序，其实最好的方式，不是"教育他听我们讲完"，而是让他感受到"他的声音也有被认真聆听的资格"。

你可以在他说话时注视他、点头、回应他的关键词；你可以在不能立即回应时温柔说："我记得你想说的，我们写在'稍后说'的便签上，待会我专心听。"你甚至可以和孩子约定一个**"我们专属的对话时刻"**，每天十分钟，让他知道，他不需要用"抢"来争取聆听的权利。

我们不是要让孩子闭嘴，而是要教会他说得**合适、有序、有力量。**

表达欲不是问题，而是孩子成长的火苗。而你，是他第一个真正的聆听者，也是他学会倾听他人、尊重沟通边界的榜样。

你不需要成为随时都能完美回应的妈妈，但你可以成为那个愿意说"我听见了，我们说好轮到你时我认真听"的妈妈。

你不必压制孩子的表达，在尊重中引导他组织、排序、等待、倾诉。你会发现，当孩子知道他终将被聆听时，他就不再那么急迫、不安、混乱了，而会变得更有条理、更愿意等待、更自信地表达自己。

我们总说，要教孩子"怎么说话"，可也许我们该先学会：**如何成为那个欣赏孩子说话的人。**

今日打卡任务

✓ 任务一	✓ 任务二
回忆今天孩子的一次"插话"行为，试着还原他当时的情绪状态，并用"我看见你想说……我们可以……"的句式写一句回应话。	与孩子约定一个"专属对话时段"，10分钟内只属于他说，试着练习"眼神专注 + 不打断 + 回应关键词"的三步法，并记录你的倾听感受。

3.3 孩子对活动缺乏活力？解锁低压力兴趣探索法

☀ 给妈妈的一句话：

　　孩子不是没有活力，而是正在等一个<u>被理解、不被催促的安全空间</u>。

"怎么什么都提不起兴趣？""别的孩子一听要去学画画、跳舞多开心，你就只知道发呆、磨蹭。"——这类话，你是不是也说过？

我在咨询室里见过太多为孩子提不起劲头而焦虑的妈妈。她们一边不断搜集各种兴趣班信息，一边忍不住抱怨孩子**"没出息、不上进"**。特别是当看到邻居家的孩子学了三样才艺还兴致勃勃，自己家的孩子却对什么都说"不要"时，她们就更焦灼了："他这样以后怎么办？一事无成啊！"

一位妈妈说起她儿子最近什么都不想学。她带他试听画画课，他画了两笔就放下笔趴在桌上；带他去运动课，他就一直在角落发呆。她忍不住在回家的路上训斥了一番："你是不是太懒了？老师都夸别人画得认真、跑得卖力，你连动都不动一下。"

孩子没吭声，直到晚上睡觉时说了句："我以后什么都不学了。"她一瞬间就慌了。

"我明明是好心，怎么反倒成了逼迫？"她问我，"他是不是**内驱力太差了**？"

44

我没有立刻给出回答，而是轻声问她："你有没有观察过他，在什么时候是专注、开心的？"她想了一下，说："他在家一个人搭积木的时候可以不说话玩一小时。"我点点头："这说明他有能量，只是现在没有找到适合释放它的通道。"

这是很多家长都会陷入的误区：以为孩子不参与活动、不积极表现，就是没有活力。但其实，孩子的活力不是不存在，而是被焦虑感压抑住了。被催促、被比较、被安排太多之后，他们的系统开启了防御模式。

心理学上，这种状态叫"精力性冻结"——不是不想动，而是被动地关闭了对外的连接。越是被贴上"没兴趣""不积极"的标签，孩子就越不敢展示真正的渴望。因为他怕一旦表现出想要，就意味着必须接受高标准。但兴趣本质上应该是轻盈的、自发的，是孩子自然冒出来的一种探索冲动。

如果我们希望孩子从低活力状态走出来，第一步不是安排一个更刺激的新活动，而是降低孩子探索的心理成本。

我建议那位妈妈安排一个"低压力兴趣探索日"。核心原则只有一个：活动不是孩子一个人参加，而是你与孩子一起体验。

比如，不是送孩子去美术班，而是买一盒彩色粉笔，和孩子一起去院子里的地面上画画；不是报书法课，而是在晚饭后拉着孩子说："妈妈今天来写一封信给小时候的我，你愿意帮我挑一句祝福语吗？"试着放下训练孩子的焦虑，转而营造一个安全的游戏空间。

一周后，她发现孩子主动提议："妈妈，我们能不能用积木拼一个动物园？"她没有急着借机说"你可以去上创意搭建课"，而是坐下来陪他拼了一个下午。

这就是兴趣真正被点燃的方式：**它不是你安排的，是孩子自己愿意走进去的。**

如果孩子长期处于什么都不想做的状态，不妨回到这三点去觉察：

第一，他是不是太久没有**被允许失败了**？如果我们总用做得好不好去评判每一次尝试，孩子就会不敢开始，因为他太怕自己做得不够好。

第二，他是不是**被过度安排了**？兴趣探索不是填表打卡，而是情感连接。如果每个活动都变成了任务，孩子自然会躲。

第三，他是不是**缺少能量**？有时候孩子表面上懒散，其实是睡眠、饮食、压力、情绪等综合问题在消耗能量。我们要先帮他找回基本的活力储备，而不是马上让他进入状态。

我曾教妈妈们准备一个**用于孩子兴趣观察的小本子**，每天不去问"你今天学了什么"，而是记录"今天你在哪一刻眼神最亮""你在做什么时安静专注""你说哪句话让我觉得你在享受"。这些小片段，才是孩子真正的兴趣线索。坚持记录一段时间后，你会发现本子上满是珍贵的瞬间：或许是孩子蹲在草丛边，聚精会神观察蜗牛爬行的模样；又或是讲述天马行空故事时，眼中闪烁的光芒。这些被捕捉的画面，能帮助我们拨开迷雾，看清孩子内心真正热爱的方向，而不是盲目跟风选择所谓"热门"的兴趣班。

更重要的是要把孩子的兴趣从成就中解放出来。参与活动不为了比赛、展示或者等级证书，而是单纯因为喜欢。这是兴趣的本质，也是成长的养料。**当孩子感受到我可以试、可以退、可以喜欢，也可以改时，他才会真正信任这个世界。**就像孩子喜欢涂鸦，不要急着让他参加绘画比赛获奖，而是为他准备好画笔和纸张，任由他在色彩的世界里肆意挥洒。即便画作歪歪扭扭、不成章法，但那份自由创作的快乐，会让他对艺术始终保有热情。没有了功利心的束缚，孩子能更纯粹地享受兴趣带来的乐趣，在探索中培养出独立思考和解决问题的能力。

你不需要逼出一个多才多艺的孩子，而是陪他成为一个敢于尝试、愿意探索、能够自己恢复活力的孩子。你也不必做孩子的兴趣启蒙导师，你只要做那个在孩子停下时不催促，在孩子迈出一步时陪伴在他身边的人就好了。

低压力，才是兴趣生长的温床。**理解**，才是活力回归的关键。

今日打卡任务

✓ 任务一	✓ 任务二
观察孩子今天在家中的自然状态下，什么时候最安静、最专注、最投入？记录这个时刻，以及他当时的行为和情绪状态。	与孩子共创一个探索小游戏：不设定任务目标、不设评判标准，比如"今天我们轮流说出三个我们没试过但想试一试的事情"，从中发现孩子的兴趣线索。

3.4　孩子怕社交？实现突破仅需三步

☀—— 给妈妈的一句话：———

　　社交并非一场表演，而是一次心与心的贴近。孩子的沉默，或许正是他在 探寻安全感的独特方式。

　　"你看人家小朋友都会主动打招呼，你怎么这么胆小？"这句话你说出口的时候，是不是也带着一点儿恨铁不成钢的意味？每次遇到熟人时，你总是希望孩子大大方方、开朗得体。可他偏偏缩在你身后，拽着你的衣角，低头不语。有时你鼓励他去和别的小朋友玩，他却更紧张地躲起来。你越催，他越不动；你越推，他越抵触。

　　你开始担心："我家孩子是不是太胆小、太内向、太怕生人了？"

　　在咨询中，一位妈妈焦急地说："别人家的孩子早就能自来熟地打招呼、交朋友，我儿子连和同龄人说句话都不敢。"她试过很多办法，比如，生硬催促、威胁"你再不说话我就生气了"、在亲戚面前引导孩子打招呼，可孩子不但没被鼓励起来，反而**越来越沉默**。

　　我问她："你小时候，在社交场合会主动吗？"她沉默了一会儿，说："其实我也怕的……小时候最怕在别人面前讲话，特别是被爸妈盯着的时候。"那一刻，她眼里浮现出一种熟悉的情绪。原来，那种怕说错、怕被评价、怕不合群的感受，从她小时候就开始了。

我们常说孩子怕社交，其实，孩子的社交回避行为，大多数并不是性格缺陷，而是一种自我保护机制。在心理学上，这属于"社交性回避型应对"——当一个孩子处于心理安全感不稳定、缺乏经验支持或过度被评价的状态时，他的大脑会优先进入回避路径，以保护内在的脆弱。

如果这时我们急于给孩子贴上标签，比如"胆小鬼""太内向""一点儿都不大方"，孩子不仅不会因此变得开朗，反而会更确信"我确实不行""我社交时总让爸妈失望"。这种负面认同，会像锈一样，逐渐侵蚀孩子与外界连接的信心。

那么我们要怎么做？要实现孩子在社交上的突破，并不需要高压，而是谨记三个字：慢一点儿。

我常鼓励妈妈们用从观察到模仿再到尝试的方式，来帮助孩子在自己的节奏里一点点建立社交勇气。

我们先要观察孩子的行动。不要立刻要求孩子参与，而是允许他站在一旁看。比如，带他去公园时，不催他和别人玩，而是跟他说："你可以先看看大家在玩什么，想加入了再告诉我。"我们给出的不是命令，而是空间。

接着提供孩子可以模仿的机会。这个阶段家长的社交示范尤其重要。比如，当你带他见亲戚时，你可以先对对方笑着说："你好呀，我们来了。"然后转头轻声告诉孩子："妈妈刚和阿姨打了招呼，你想不想也来一句？或者你不说也没关系。"

最后让孩子进行尝试。当孩子表达出一点点"我也想玩"或"我想试着打招呼"的意愿时，不要兴奋过头地夸张回应，而是平静、真诚地给予支持："我看到你刚才看着她笑了，这

是个很好的开始。"或者说："你刚刚轻轻说了'你好'，我觉得你真的在努力。"

重要的是，这个社交过程不是一锤子买卖，而是一个**可循环、可调整的过程**。你今天允许他不说话，明天他可能就敢微笑，后天可能就轻声打了招呼。这不是退步，而是用温柔的方式激活他的自我驱动系统。

孩子能否走向外部世界，不在于外部世界多欢迎他，而在于他能否回到一个安全的**心理港湾**。换句话说，孩子之所以敢走出去，是因为知道你永远在他身后支持他。

如果你观察孩子在社交前总是显得焦躁、拒绝、缠人，那其实是一种寻求协同调节的信号。他需要你和他一起调节内在的紧张。如果我们这时不是推开，而是靠近，就能帮助他稳定自己的情绪。

我们还可以借助**"冷却空间"——提前和孩子约定一个"可以退场的信号"**。比如，在去一个新场合前说："如果你觉得太吵、人太多的时候，可以拉一下妈妈的衣角，我们可以出来走一会儿。"这样孩子就知道：我可以选择退出，不会被强迫。

还有一个实操的小练习叫**"情绪角色扮演"**：在家里玩"超市小老板""点餐小顾客"这样模拟社交场景的游戏。先在安全的环境里练习说话，寻找与人互动的节奏。游戏，不是逃避现实，而是让孩子走进现实的一扇门。

你会发现，当社交变成可以游戏、可以观察、可以失败的事情，孩子才会真的愿意迈出那一步。请记住，孩子不是胆小，他只是**需要更多的准备时间**。他不是不想社交，而是怕在社交中被误解、被打断、被拿去比较。他不是懒得参与，而是还没准备好走上台前。

你不是要推他上台的导演，你是那个在幕帘后温柔注视他的光。

你不必急于让他变得外向，你只需要成为那个愿意接纳他的慢节奏、支持他进行小尝试的妈妈。你越不催促，他越有力量。

你不需要他今天就变得大方、合群、能言善道，但你可以从现在开始，成为那个让他不害怕世界的理由。

今日打卡任务

✓ 任务一	✓ 任务二
回忆今天你对孩子的一次社交要求，是鼓励还是催促？你当时的第一句话是什么？	与孩子共创一个"社交小暗号"——当他不想参与社交时可以使用的手势或信号，让他知道：社交不是必须的，而是可以选择的行为。

3.5 孩子"偷钱"？洞察背后情感需求

☀ 给妈妈的一句话：

真正的界限，不是靠羞辱立下的，而是靠理解、信任与共建慢慢长出来的。

你是否经历过这样的瞬间？偶然发现钱包少了几张零钱，一问才知道是孩子拿了去买零食。你气得发抖，第一反应就是："你怎么能偷钱？"那一刻，愤怒、失望、羞辱全涌上来。你觉得自己辛辛苦苦教他做个正直的人，他却在背后干出小偷小摸这样的事。

你愤怒地斥责他，他要么低头不语，要么争辩"我只是借一下""我饿了嘛"。更有的孩子，会干脆否认，甚至哭着说"不是我"。你看着他闪烁其词、满脸委屈，心更凉了："是不是我哪里出了问题？是不是他已经学会说谎、走偏路了？"

在咨询中，我接待过一位妈妈，她崩溃地说："我儿子才七岁，就偷我钱包里的十块钱，还骗我说不知道。我真的气到想打他一顿。"她说完这句话，整个人都颤抖了。她很清楚打不能解决问题，可她实在难以接受，怎么好端端的孩子，会做出这种事？

我请她讲讲那天发生的事。原来，孩子放学路过便利店，想买个盲盒玩具，但知道妈妈不会同意，临时动了这个歪脑筋。我们有时把偷钱看作道德滑坡的起点，却忽略了它在心理学中，也是一种"越界求助"的信号。尤其在亲子关系中，孩子的第一次偷偷摸摸，常常不是因为贪，而是因为他找不到更合适的方式表达"我想要一个东西，但我不知道怎么争取"。

这不是在为孩子的行为找借口，而是在提醒我们：面对这种情况，父母要做的第一件事，不是判断对错，而是暂停评判，先看动机。

很多时候，我们之所以愤怒，是因为把孩子的行为贴上了"坏孩子""不诚实"的标签。而这种标签，会让我们进入"高压对抗模式"——指责、羞辱、威胁、公布错误行为，甚至有些家长会当众揭发："你看看你儿子多丢脸，这钱是偷的！"

可羞辱从来不能带来反思，只能带来退缩。孩子不但不会因此长记性，反而会学会更深地隐藏、撒谎、防御。

相反，真正的教育，是在孩子的行为越过界限的时候，家长能成为那个"看见背后需求，帮助回到正轨"的人。

我鼓励那位妈妈，试着用"三步理解法"和孩子对话：

第一步，说出事实但不贴标签。"我发现钱包里的十块钱不见了，后来在你抽屉里找到了这张零钱。"不是"你偷钱了"，而是描述发生了什么，保持中性。

第二步，表达感受与愿望。"我有些惊讶，也有些伤心。我更希望我们可以讨论你需要什么，而不是偷偷拿。"这个时候不是惩罚，而是表达自己的感受，同时传递对孩子的信任和期待。

第三步，引导孩子说出动机。"你是不是特别想要那个玩具，但又怕我不同意？"你会发现，当孩子不再需要被动防御时，他们往往能说出"其实我就想试试看""我怕你不同意""我以为你不会发现"。

听懂孩子此时说出的动机，不代表你要满足一切要求，而是为之后建立规则做铺垫。

那位妈妈后来说，她试着这样跟孩子聊了一次。孩子一开始不承认，她没有逼问，而是坐在他旁边，轻声说："我知道你拿了那张钱，我不会责怪你的，我只想知道你为什么不愿意告诉我。"

孩子沉默了很久，说了一句："我以为你会骂我，说我老要买没用的东西。"她问："如果我们下次一起制订一个零花钱计划，每周你可以支配一定金额，会不会让你觉得自己也能决定？"孩子抬头看她，点点头。

教育不是一次发泄式的训斥，而是一次修复性的引导。当孩子做出不被允许的行为时，他们最需要的，不是被吓住，而是被引导出可行的新路径。

我建议妈妈们建立"零花钱规则共创法"：设定一个每周金额，让孩子知道他有支配权；和孩子一起记录钱都花去了哪里，引导预算意识；讨论"可以商量的临时想要的东西"和"绝对不能私自拿的界限"。

你会发现，孩子不是不懂规则，而是需要一个有温度的边界，让他们愿意遵守，也敢于说出来。

在这个过程中，我们还要反思：我们对孩子的欲望是不是太过控制？是不是太少允许他说"我想要"？是不是对金钱这件事缺乏沟通？

如果我们总是简单地说"这个不能买""你就知道花钱""你别想了"，那么孩子就会觉得："表达需要是没用的，只有偷偷来。"但当我们开始说"你想要，我们可以谈谈怎么做更合理"，他们就会知道：**想要，不等于任性；表达，不等于挑战；合作，是更好的选择。**

我们也需要给自己一点温柔。很多父母在面对孩子的偷拿行为时表现出的愤怒，其实是自己童年被严格对待、被羞辱教育的投射。我们以为必须打压才能止住恶习，却不知那其实是自己小时候最怕的那一套。

教育孩子，是一个重新教育自己的过程。当我们放下好坏的评判，带着诚意看见孩子此刻为什么会这样，才是真正的成长。

孩子不是偷钱的坏孩子，而是一个在探索边界、在试探信任的生命个体。你不需要马上给他贴上标签，你只需要给他**一次被理解的机会**。

真正的规则，只有在理解中才有力量。真正的信任，只有在被允许表达后，才会建立。你可以成为那个在风波后依旧愿意坐下来，和孩子一起寻找出路的妈妈。这比任何惩罚都更有力量。

今日打卡任务：

✓ 任务一	✓ 任务二
回顾孩子上一次的越界行为（如偷拿东西、说谎、顶嘴等），写下你当时的第一反应，并试着用"三步理解法"进行对话。	和孩子制订一个零花钱小计划，包括金额、用途、例外时如何商量等，建立可控支配的安全边界，记录孩子对此的反应和反馈。

深度共情，走进孩子内心·世界

4.1　捕捉孩子情绪信号，及时给予情感回应

给妈妈的一句话：

孩子的**情绪**并不是相处的阻碍，而是情感联结的**纽带**。

"又哭了？不就是没轮到你当警察抓人，有必要这么玻璃心吗？"那天下午，在小区花园，我听到一位妈妈疲惫地说出这句话。她的儿子正坐在滑梯下面，眼泪一滴一滴地往下掉。几分钟前，他还在兴致勃勃地组织小朋友玩"警察抓小偷"的游戏，但当他说"这次我当警察"时，却被其他孩子拒绝了："你跑得太慢，不好玩。"孩子愣了一下，下一秒就像被泼了冷水一样转身跑开，蹲在一角哭了。

妈妈的第一反应是尴尬，其次是气恼，她说她不想养出一个事事都要争的孩子，也不想他将来遇到一点点不如意就受不了。但她说出这些话的时候，我注意到她眼里其实也有**心疼和自责**。

我们太容易对孩子的情绪作出判断，却很少去探一探，那层情绪底下，到底藏着怎样的**期待和失落**。

有位妈妈在咨询中也谈到类似的经历。一次她带儿子去朋友家聚会，几个孩子玩"角色扮演"，她儿子提议当"警察"，但其他孩子说"不要你，你总当主角"。当场他没说什么，回家却一反常态地闷闷不乐，不说话也不吃饭。妈妈一着急就开始数落："你也太敏感了，别人的一句话你都放在心上？"

但她自己也承认："我当时说完这句话，心里就咯噔一下，我好像是有些心急了。"

其实，很多时候，孩子不是不能承受拒绝，而是不知道如何**表达被拒绝的痛感**；他们也不是太敏感，而是还没学会**处理复杂的情绪落差**。

那晚，我引导那位妈妈试着换一种方式回应："你是不是很想当警察？结果大家突然不让你当，让你觉得有点难受？"她说孩子没哭，只是轻轻地点了点头，然后轻声说："我只是想当一次警察。"

她一下就红了眼眶。原来孩子不是想争，不是非要赢，只是渴望被认可、被接纳、被赋予一次带头的机会。

面对这类场景，我们可以用**"情绪共情三步法"**去应对。做法很简单，先和孩子交流，识别与**说出孩子当下的状态与感受**，用描述取代质疑。比如，在上面这个例子中，妈妈可以这么说："我刚刚听到他们说不让你当警察的时候，你的神色突然就变了，是不是心里有点堵。"这不是揣测，而是让孩子知道你看见他了。

紧接着，做**共情命名**而非评价行为。"我猜你可能很期待自

己也能带着大家玩一次，被拒绝的时候就有点不开心，也许还有点不甘心。"这不是为了让情绪消散，而是让它有一个可以停靠的港口。情绪只有在被准确命名后，才会慢慢冷却。

然后**给予孩子可被信赖的陪伴感**。不急着解决、不急着评判，而是像朋友一样对他说："我会一直在，如果你想说、想哭、想生气都可以。等你准备好了，我们一起聊聊还能怎么让自己好受一些。"

你会发现，当孩子知道自己的情绪是**可以存在**的，他就不再那么急于用哭闹或躲避去对抗。那位妈妈告诉我，儿子后来轻轻对她说："我只是觉得，他们好像不喜欢我。"

你看，孩子不是拒绝沟通，他只是需要一个安全的通道——一个不被吼、不被打断、不被贬低的空间。当我们用"情绪共情三步法"这把钥匙打开那扇门，孩子往往能给出超乎年龄的真实反馈。

这也是我们常说的"建立情绪安全区"，目的是让孩子知道：即使你现在难过、失落、生气、委屈，妈妈也不会推开你，而是会一直陪着你。妈妈不会否定你，而是愿意耐心听你述说。

这种安全感，恰恰是孩子未来处理人际关系、面对拒绝、承受失败的关键。

共情不是软弱，是我们给孩子的情绪穿上了一层柔韧的铠甲；回应不是妥协，而是帮助他从混沌中走向自我整合的起点。当你看到孩子沉默时攥紧的拳头，听懂他哭泣背后的语调，读出他强装镇定的倔强，其实你已经走进了他那颗小小的心灵世界。

你不需要成为情绪专家，只要在他失控时，不成为那个也失控的大人；只要在他表达时，愿意留下来听他多说一句。

　　你可以问他："你是不是希望别人听你的想法？"你可以说："妈妈有时候也会被别人拒绝，那时候我也会难过。"你甚至可以只是静静坐在他身边，说一句："我知道你现在不想说话，但我会陪你坐一会儿。"在这份安静的陪伴中，孩子会慢慢平复情绪，积蓄重新面对问题的勇气，也会在心底深深记住，无论何时，都有一个温暖的怀抱在等着自己。

　　孩子的情绪不是用来压制的，是用来理解的。他们在一场又一场情绪风暴中慢慢长大，而你，是他情绪世界里的第一个"避风港"。

今日打卡任务

任务一	任务二
回顾一次今天孩子情绪爆发的场景，写下你是如何回应的。再试着用"情绪共情三步法"，重构那一刻的对话。	和孩子一起完成一个"我的心情温度计"：画出从开心到愤怒的五个表情，并和孩子讨论"每种情绪出现时，我希望大人怎么回应我"。

4.2　在日常互动中，与孩子建立深度信任

给妈妈的一句话：

> 孩子对你的信任，不在于你说了什么，而在于你做到了什么。

"我们下周末去游乐场好不好？"你也许只是顺嘴一说，想着哄孩子赶紧写完作业，心里并没有认真安排计划。但当周末真的来了，你临时加班，要陪客户应酬，或者只是累了想在家休息，孩子一脸期待地问你："妈妈，我们是不是要去游乐场了？"你犹豫了一下，说："改天吧，今天太忙了。"

孩子没说什么，只是默默地走开，背影有点落寞。你可能还嘀咕一句："小孩子哪有什么记性？等一会儿哄哄就好了。"

但你不知道，在孩子的世界里，**这种被搁置、被遗忘的"小约定"，远比你想象得更重要。**

在咨询中，一位妈妈和我聊起她六岁的女儿："最近她越来越不爱和我说话了，做什么都一副'你说了也不算数'的样子。"她很疑惑："我每天接送她上学、做饭洗衣、睡前讲故事……我觉得我挺尽责的呀。"

我问她："你有没有承诺过她什么，后来没有做到的？"她停顿了一下，说："有时候会说'等我忙完带你去看电影'，但后来忘了或者临时有事就没去。"

她又补充了一句："可是这不是很正常吗？大人都有变

动啊。"

是的，生活确实会临时改变。但对孩子来说，大人承诺的事情，不是你顺口一说的方便语，而是他认定的、用来构建安全感的**确定性信号**。

尤其在亲子关系中，孩子的信任感，是通过一次次小事里的**"说到做到"**积累起来的。

孩子在早期建立安全依附的过程里，最核心的体验不是"被满足"，而是**"被可预测地回应"**。他能逐渐形成"你说的事，是真的""你说的情绪，我可以信"的逻辑过程，这个过程就是信任的根基。

如果我们习惯性地许诺，接着频频失约，哪怕无心，孩子也会在反复落空中，悄悄建起一道**心墙**。不是每一次失约都会造成严重后果，但反复失约会让孩子开始形成一种"你说了也不算数"的**心理预期**，甚至怀疑自己说的事情，你根本不当回事。

我曾见过一个七岁的小男孩，他总是提前说："我就知道你不会来。"每次妈妈因加班没赶上接他放学，他都冷冷地说："我早猜到了。"妈妈也觉得委屈："我真的不是不想去，是工作实在太多。"但她不知道，孩子不是在怪她没来，而是在试图用"我早就不期待"来**保护自己的失望情绪**。

孩子的这类反应，其实正是他们表达"我想依赖你，但我不敢了"的一种方式。

你可能觉得只是没能兑现一个承诺，但在孩子那里，那是一种"我想靠近你，但我失败了"的体验。

要重新建立信任，靠的不是一次大修补，而是日常里一点

一滴的 "可预期回应"。

哪怕你无法百分百做到，也可以提前告知："我今天原计划带你去超市，但临时开会，我们可以改到明天下午。"这样传递出的信息是：**我有变化，但我依然把你放在心上。**

更重要的是，**不要轻易许诺你无法确定的事。**很多时候，我们出于"快点儿让他听话"或者"先把眼前问题解决"的目的，随口答应孩子一些事。比如"写完作业就给你买奶茶""今天讲两个故事""只要不哭，明天让你挑选礼物"。

但你有没有发现，这种承诺一旦无法兑现，不仅没能换来合作，反而带来更多对抗："你骗人！""你从来不记得！""我再也不信你了！"这时候，我们往往觉得委屈："我是你妈，怎么可能骗你？"

可在孩子心里，他认为你说了就该做到。他们的信任是建立在**"你做到了你对我说过的话"**之上的，而不是在"你是大人你有理"的逻辑里。

要改变这个模式，我们可以从**"慎诺""预告""补偿"**这三件事入手。

慎诺：不要轻易许下你无法控制的事。比如"明天去动物园""晚上陪你写作业"，如果不确定，不妨说"我尽量，但我们一起看看情况"。

预告：如果计划变了，不要等孩子发现后再解释，而是提前告诉他。比如"我本来想答应你这件事，但现在有变化，我很抱歉，等我处理完我们再安排。"

补偿：若承诺无法兑现，不要装作没事发生，而是认真回应。"我知道今天你期待的事情没发生，我理解你的失望。我们明天换一种方式补回来，好吗?"

这样的回应，不只是为了止损，更是在向孩子传递一种深层信号：**你的情绪被我看见了，你的期待我放在心上。**

有位妈妈后来告诉我，她尝试把家里贴上"约定清单"，和孩子一起写下我们这周计划的三件小事：去公园、一起画画、做一个蛋糕。每完成一件就打个勾，哪怕是最普通的"星期三晚上一起看 20 分钟的书"。

她说："我以前总以为只有大事才值得承诺，现在才发现，孩子在这些说到了并真的做了的小事里，开始重新相信我。"

你不必变成无所不能的妈妈，你只要是那个说过的话大多能实现，说不准的事能坦诚解释，错了也愿意修复的大人，就足以让孩子安心地信赖你。

真正深度的连接，不是靠一次高质量陪伴换来的，而是靠反复兑现的"小约定"实现的。

✓ 今日打卡任务

✓ 任务一	✓ 任务二
回忆今天自己对孩子的最后一个"承诺"是什么？你是否兑现了？如果没有，试着今晚以"修复性对话"的方式重新回应那份期待。	与孩子一起制定"这周的三个小约定"，写在便签纸上，并贴在冰箱或书桌旁，每完成一个就一起画个小勾。

4.3 处理亲子矛盾时，疏导孩子负面情感

☀ **给妈妈的一句话：**

孩子那些看似过激的反应，往往藏着 最需要被读懂的心声。

　　晚上十点，楼道里忽然"砰"的一声，紧接着是小孩急促的哭喊和摔门的声音。一位妈妈焦急地冲出房间，低声吼着："你闹什么闹？邻居都要投诉了！"孩子的脸涨得通红，脚还在用力跺着地，眼泪混着鼻涕往下掉："你不听我说话！我讨厌你！"

　　这个画面，是无数家庭夜晚真实的缩影。你明明也已经疲惫了一整天，还要一边担心邻居投诉，一边控制自己别崩溃。可孩子偏偏在这个时候情绪失控，动静越闹越大，甚至口不择言。

　　你想让他冷静下来，你试图讲道理，但他根本听不进去。此时你甚至有点想喊出来："你再吵我就不管你了！"

　　很多时候，我们都太容易把"平静"误认为"服从"，而把"情绪激烈"理解成"失控的坏行为"。但实际上，**孩子的过激行为，是一种尚未表达的情绪能量的外泄**。他们不是要惹你生气，而是在向你传达一个信息：我快撑不住了！

　　在咨询中，有一位妈妈描述了她和儿子的一次冲突。那天晚上，她为了让孩子早点睡觉，强行关掉了电视。孩子大怒，摔门、踢墙、冲她喊："你不讲理！"她下意识地吼了回去："你疯了吗？邻居都听见了！"他说："我不管！"然后把自己关在房间里，整整哭了半小时。

她说："我当时真的崩溃了，想不明白他为什么这么大反应。"但冷静下来后，她问自己："是不是我太急了，没让他有机会表达自己？"

我请她回忆那个当下，有没有可能用一种更合理的方式回应？比如，不是"别再吵了，影响邻居"，而是先蹲下来，缓一口气，说："我看到你很生气，你可能觉得我突然关电视不讲道理，是不是觉得没有尊重你？"

这就是我们常说的先共情，再引导。先让孩子明白自己的情绪也是被关注的，接着再慢慢接受你，并愿意跟你一起做调整。

在这类冲突中，一句话能迅速打开沟通的，不是指令式的"你给我停下"，而是回应式的"我看到你很激动，我愿意听你说"。当你用"我看到……我理解……"的句式开启沟通时，就等于在说："我不是要制服你，而是想靠近你。"

很多妈妈问我："孩子已经摔门跺脚了，我还能怎么好好说话？"我的答案是，情绪从来不是用来压制的，而是用来理解的。压制永远换不来平静，只有看见才能带来转化。

当孩子表现出摔门、跺脚、尖叫这些情绪强烈的行为时，他其实是在进行一种"非语言的喊话"。他也许想说："我感觉自己被控制了""我害怕自己的意见不重要""我现在需要你靠近我，而不是压制我"。

这个时候，我们需要按下"教育暂停键"，先进入"情绪陪

伴模式"。你可以靠近他，说："我听到你刚才大叫了，像是特别难过，是不是想告诉我什么？"

保持镇定地补充："我没有要骂你，我只是想知道，你心里到底有多委屈。"

如果他一时还在怒气中，你也可以说："我看到你现在还不想说，但我在这儿，等你准备好了，我们再聊。"

这些话听上去温柔，却能快速建立信任。其实，你不是放任，而是把自己从控制者的角色，变成了那个愿意==包容他情绪的倾听者==。

你也许会惊讶地发现，孩子其实不是不能讲理，而是在你理解他之后，他自己也愿意走回理性轨道。

那位妈妈在下一次冲突中做了尝试。孩子大吼"你不懂我"时，她没有回怼，而是说："你这样喊，我有点被吓到了。但我猜，你现在是太生气了，不知道怎么表达，对吗？"

孩子沉默了两秒，然后说："我真的不想你老是控制我。"

她没急着说"我是为你好"，而是点点头："谢谢你告诉我。我也在学习怎么更好地和你说话。我们可以一起想想，以后遇到这种事，怎么做才对你更公平，也对我更轻松。"

那一夜，他没有摔门，也没有哭太久。他们第一次在冲突之后，没有彼此后退，而是靠得更近了一些。

孩子只有在感觉自己是被理解、被允许情绪化的状态中，才愿意从非理性走回理性。==处理情绪不是一件一次见效的事，而是一场你和孩子共同的修行==。你会跌倒，会不耐烦，会想逃避，但每一次你选择"回应而不是控制"，就是给孩子一次学习"我可以情绪化，但我不孤单"的机会。孩子不是怕发火之后要面对你的责备，而是怕发火之后，你再也不靠近他了。曾经有个妈妈告诉我，她女儿生气时会躲在窗帘后踢凳子，她没有拉开窗帘说教，而是隔着窗帘递进去一颗糖。几分钟后，孩子攥着糖走出来，主动说了句"刚才我有点儿过分"。这个细节让我明白：当情绪的暴风雨来临时，孩子需要的不是立刻天晴，而是知道有人愿意陪他等雨停。

你不需要做那个永远冷静的大人，只要是那个愿意在孩子情绪里**先听一听，再靠一靠，最后引一引**的大人，就已经足够好了。

今日打卡任务

✓ 任务一	✓ 任务二
回忆一次你与孩子的激烈冲突的场景，写下当时你是如何回应他的情绪的。然后尝试用"我看到……我理解……"的句式，重新构建那一刻的回应。	和孩子约定一个"情绪冷却信号"：当谁情绪快爆发时，可以用一个暗号（比如一张黄色贴纸、一句"我先喘口气"）告诉对方，为彼此留出缓冲空间。

第三篇

·习惯养成·

提升自我管理能力哪有那么难

5.1　先玩，还是先写作业

给妈妈的一句话：

自律，不是被逼出来的顺从，而是被理解后的选择。

"你今天到底什么时候写作业？"这是很多妈妈下班回家后问孩子的第一句话。语气里多少掺杂着疲惫、焦虑，甚至带点责备。孩子要么装听不见，要么回一句："一会儿。"接着继续看电视、搭积木、翻画册……直到你火冒三丈，把声音提高八度，怒斥道："不写就别玩了！"这时他不情不愿地坐到书桌前，脸一沉，磨磨蹭蹭得迟迟不翻开作业本。看到这里，你的火气像泉水一样喷涌上来，斥责道："怎么这么没效率！非要我逼着才能动？"

这样熟悉的"作业大战"，几乎每天都在上演。我们总以为是孩子太懒、没规矩，其实，很多时候问题出在我们没有给他**成为自我管理者的空间**。

在一次家长小组里，一位妈妈分享了自己面对的困境："我儿子每天下课回来第一件事就是玩，玩到七点还没动笔，我一说他就炸毛。可我不说，他是真不写！"她问："我到底是该放手，还是要管？"

我问她："有没有可能，既不是放手也不是管，而是换一种方式帮他掌控自己的时间？"

她有点疑惑。我讲了一个小故事：一个小男孩回家总是吵着"我先玩一会儿再写作业"，妈妈很焦虑，但她忍住了，没有立刻命令孩子去写作业，而是蹲下来和他说："我理解你放学后想放松一下的感觉。那你自己来定一下，先玩多久，再写多久？我们可以一起设个**提醒**，你**自己掌控**看看。"

孩子说："那我先玩 30 分钟，然后再写作业。"妈妈笑着点头说："好，那我们试试看这种顺序，咱们晚饭前一起回顾一下，看看这个安排是否让你舒服又有效。"

这不是放任，而是**协商**；不是放弃要求，而是让孩子**在安全边界内自己做主**。

孩子在健康发展过程中需要一个**"过渡空间"**——在那里他既能感到**被理解**，又能尝试**掌控自己的节奏**。这种空间不是"你想干吗就干吗"，而是"我承认你的感受，也相信你的判断，并在你需要时给予支持"。

当孩子说"我想先玩"，我们真正需要回应的，不是"先玩不合理"，而是孩子想先玩背后的那个感受：我需要**从高压的学习节奏中缓一缓**，我想先喘口气，我想拥有一点儿自由。

你可以这样回应他："你今天在学校好像挺累的，是不是现在想放松一下？那我们来**制订一个计划**，既能满足你想玩的心

情，也能保证作业不被拖到太晚。"

这就是我们常说的"结果自然反馈法"——不是强制，而是让孩子自己体验行为带来的后果。

比如，当孩子尝试先玩后写作业的顺序，结果作业写到很晚，睡眠不够，第二天起床困难，这时妈妈就可以温和地提问："你觉得昨天的安排舒服吗？下次我们是不是可以调整一下时间？"

在这里，重点不是批评，而是引导他自己做出调整的决定。只有孩子自己感受到不舒服的后果，才会真正产生我想改变的动力。

当然，并不是每次协商都能立刻成功。有时候孩子高估了自己的掌控力，明明说好玩 30 分钟，结果玩了 1 个小时才动笔，这时候该怎么办？

这时我们不要急着责怪孩子，而是帮助孩子觉察和复盘："你昨天说好玩 30 分钟，结果最后玩了 1 个小时，你觉得是哪里没控制好？你下次要不要提前设置一个提醒？"

这样一来，作业不再是"妈妈逼我完成"的任务，而是"我参与制定，我对结果负责"的行为。这种改变，需要时间，也需要我们耐着性子去培养孩子的自我决策力和行动力。

你会慢慢看到，他开始说："我想今天先写完数学，因为我感觉现在状态不错。"这句话的背后，是他已经开始在意自己的节奏和任务的优先级的排序了。

而这，才是真正的自律。它不是靠唠叨、命令和惩罚逼出来的，而是在被尊重、互相协商、被提醒中，慢慢培养出来的能力。

有一位妈妈告诉我，她家孩子以前一写作业就像打仗，但现在每天吃完晚饭会主动说："我先写 20 分钟再休息一下。"她说："我最感动的不是他按时写，而是他开始主动**规划时间**了。"

这种从"他被我推着走"到"他开始自己走"的转变，背后是一份深深的信任：我相信你有能力管理自己，愿意在你还不会的时候陪你练习。而妈妈也在这个过程中，从一个紧盯每一步的监督者，慢慢成为一个**适时引导的合作者**。

也许今天他还不太会规划，也许他会反复试错、反复推迟，但请你不要过早给孩子贴上"自控能力差""拖延症"的标签。因为成长，从来不是一条笔直的时间轴，而是会跟着情绪、欲望和体验弯弯绕绕地往前走。

孩子终会从被提醒中**学会记得**，从被协助中**学会独立**，从协商中学会**自我负责**。而你，只需要坚定地陪着他一直走下去。

今日打卡任务

✓ 任务一	✓ 任务二
今天和孩子一起做一次"时间协商"：尝试用"你想先（玩）还是先（写作业）？我们一起来定个顺序"的方式制订今日计划，晚上一起回顾效果。	试着用"结果自然反馈法"复盘一次拖延：引导孩子觉察："你觉得昨天的安排对你来说最难的地方是什么？你有什么想试试的新做法？"

5.2　写作业磨蹭，探寻孩子的自主节奏

给妈妈的一句话：

我们要给予孩子更多的 引导 去纠正，直至培养出属于他的 专注 。

一天我在朋友家做客，忽然听到房间传来他妻子急切的催促声："你到底什么时候能写完作业啊？磨磨蹭蹭地干什么呢？就这么点作业，居然要写两个小时！"声音一浪高过一浪，透着明显的 焦急与不耐烦 。

我循声望去，从敞开的房门看见一个小男孩正坐在书桌前，一只手紧紧握着铅笔，另一只手不安分地在桌上摆弄着橡皮，眼神游离不定，思绪似乎已飘到了九霄云外。

作为旁观者，我光是看着都心急如焚，更别提孩子的家长了。可奇怪的是， 家长越是催促，孩子写得越慢；家长越是大声喊叫，孩子反而越不在乎 。到最后，家长常常忍不住怒火中烧，冲着孩子吼道："你非得让我天天这么吼你，你才肯动笔是不是？"

然而，我们是否曾站在孩子的角度去思考呢？在孩子的内心深处，或许他们并非有意要惹家长生气，也不是故意拖延时间。他们或许只是在 努力让自己进入学习状态， 只是暂时还没 调整 好，还没完全准备好全身心投入作业中去。

在咨询中，一位妈妈哭着问我："为什么别人家的孩子能坐下就写，我儿子总是东摸摸西看看，铅笔削三次还写不出两个字？我真的快没耐心了。"

我没有直接给她建议，而是请她回忆儿子小时候最能安静下来的时刻。她想了想，说是玩积木。"他可以一个人坐在那儿搭一个小时的积木，我不吭声，他就越搭越投入。"

"那你会打断他吗？"

"不会啊，我反而觉得那种状态特别宝贵。"

我点点头："这其实就是他的节奏感，你曾经是允许那个节奏自然发生的。只是现在，在孩子做作业的场景中，你就不再允许了。"

孩子的自我是在"足够好的照料"中慢慢浮现的。而所谓"足够好"，不意味着一切都得顺利高效，而是我们愿不愿意在他进入状态前，给出那个"允许他过渡"的空间。

很多时候，磨蹭是孩子从自由切换到任务之间的过渡方式。我们看到的慢，其实是他还没从"我要玩"过渡到"我现在要专注"。

如果我们总是用"快点儿""写完了再玩"的指令打断他，孩子反而更难进入状态。他们以后会更依赖外部催促，而不是建立起内在的启动系统。

这时候，真正的帮助，是把"节奏"还给孩子，我们可以用一种可支持的方式陪他找到自己的节奏。

我建议那位妈妈试试"专注计时器法"。不是设置死板的时间，而是邀请孩子参与设定。比如，可以这么对孩子说："你觉得今天写这页数学题，大概需要多少时间？我们可以先设定 15 分钟，你试试看自己能不能在不被打扰的情况下完成。"

她照做了。儿子很认真地按下定时器开始写，虽然一开始还有些分心，但妈妈没有打断，也没有催促，只是在他旁边安静坐着，做自己的事情。

15分钟后，闹铃响起，他刚好完成大半页。妈妈没有立刻评价，而是轻声说："我看到你这段时间很努力，是不是觉得这个方法还挺适合的？"

孩子点点头："我觉得自己像在比赛，但不是你催我，是我自己在掌握时间。"

这就是节奏的觉醒。自律不是靠喊出来的，而是让孩子在一次次被尊重中，慢慢意识到"我可以掌握我的时间，我也可以在我设定的节奏里高效完成"。

如果孩子注意力还不稳定，我们还可以试试"25+5 工作法"：25 分钟专注写作业，5 分钟自由活动，然后再进入下一个 25 分钟。这种"波段式"的时间结构，不仅符合儿童大脑的注意力波动规律，也让专注不再是一个沉重的负担。

更重要的是，我们的陪伴不再是站在他身后监管，而是坐在他旁边"陪跑"。你可以在他写作业时拿起书，做自己的事情，让他感受到：妈妈也在和我一起努力做事，而不是单纯盯着我干得快不快。

有时孩子写得慢，不是不会，而是被"你快点"这句话卡住了。节奏的恢复，往往需要从被允许慢下来开始。

你不妨试试这样对他说："你不需要一开始就飞快，你只要找到属于你自己的节奏就好。妈妈相信你会找到那个舒服又专注的点。"

孩子也许不会立刻自律，但你会看到他开始做一些小小的尝试：自愿设定时间、自觉整理作业、主动总结卡住的环节……这些微小改变，就是他从"被催促的孩子"成长为"自我驱动的小大人"的开始。

你不必再因为他磨蹭而焦虑万分，也不必为自己要不要骂他而摇摆不定。你只要成为那个愿意**陪他一起找到节奏的人**，就已经足够好了。

今日打卡任务

✓ 任务一	✓ 任务二
今天作业时间，请与孩子共设一个"专注小计时器"，让孩子自己说出他预计完成一项任务的时间，并在计时结束后和孩子复盘："你觉得刚才的节奏怎么样？"	尝试用一句新语句取代"快点儿写"：比如"我看见你在试着进入状态""我们一起找一个合适的节奏"，并记录孩子的反应。

5.3 不爱动笔，教孩子告别畏难情绪

　　孩子不是不想学，只是需要一个不被评判的起点。尝试把任务拆小一点，加上一点点完成后的期待，他也许就会去尝试。

　　"你怎么又不写了？语文作业都写了半小时了，才写了这么几道题！"客厅里传来妈妈的责备声。孩子缩着身子坐在书桌前，手紧紧握着铅笔，却怎么也写不下去。妈妈越喊越急，孩子却越写越慢，甚至干脆趴在桌子上不动了。

　　遇到这样的情况，很多家长会问："你到底是不会，还是不想写？"很多妈妈会将这种行为理解为"懒""逃避""态度差"。但在心理学视角中，孩子不愿写作业，尤其是不愿动笔，很可能是一种畏难情绪的具体表达。他不是不肯，而是怕自己做不好，所以就干脆不开始。

　　在一次亲子活动中，一位妈妈满脸疲惫地跟我说："我儿子一写作文就痛苦得像要去刑场。他不是不会写，是一拿起笔就开始发呆，然后说：'太难了，我写不出来。'我一急就开始训他：'你都三年级了，还写不出来？'结果就是，他哭，我吼，我们两个都崩溃。"

　　我问她："你有没有想过，他不是因为能力不够，而是害怕失败？"

"可我又不能替他写啊！作业是他自己的事啊！"

"对，作业是他的事，但面对任务的感受，需要你们一起面对。"

很多孩子写作业时的"逃避""拖拖拉拉"，背后其实是一种任务过载下的情绪冻结反应。他们不是有意偷懒，而是因为作业在他们看来像一座大山，他们爬不动，也不知道从哪下手。

孩子在面对挑战时，需要的是"情绪的容纳空间"。他们要的不是立即能做到，是能在我还没准备好时被理解，而不是被批评。

这时候，我们可以尝试把任务拆小一些，这么做不是为了降低要求，而是为了降低情绪门槛。比起一句"你快写"，更有效的是告诉他："我们先试着把这五道题拆成两个小部分，一次做两道，你觉得怎么样？"

这种"微任务"结构，让孩子在每完成一小段后都能获得"我能做到"的反馈，这种正向体验正是建立学习自信的关键。

还有一位妈妈分享了她用"打怪升级"的方式帮孩子完成作业的方法：把一页习题拆成"四关任务"，每过一关就奖励一个能量贴纸，贴纸集齐可以换一个小奖励，比如和妈妈玩 10 分钟桌游。

她说："以前我催他三遍不如现在他自己盯着任务表做得快。因为他开始感受到任务也可以是一场冒险，而不是被拖着走的苦差事。"

这种温和、有边界的完成奖励，不只是激励行为，更是在告诉孩子：你完成了值得被认可的事，而不是终于做完了我要求你做的事。

有时，我们还可以借助"感受对话"来打开孩子的内在抗拒，比如：

"你看起来不太想动笔，是觉得哪道题比较难，还是今天有点累？"

"这篇作文让你觉得从哪里开始会好一些？我们可以一起想题目。"

当你愿意花点时间了解孩子对任务的真实感受，而不是一味催他开始动手时，孩子也会渐渐**卸下防备**。**因为他们的"懒"，往往是对压力的本能回避，而不是对学习的根本否定。**

你会发现，很多时候，孩子只是需要**一个不被催、不被吼、不被比较的空间**，来慢慢启动自己的节奏。他们不是拒绝学习，而是不知道怎么开始。所以请试着慢一点儿，再温柔一点儿，对不愿动笔的孩子说："我不催你立刻写完，我想先陪你看看，我们怎么一起把它变成可以一步一步完成的小任务。"

你会看到，那个看起来畏难的孩子，其实只是**还不太会走**，但只要你愿意握着他的手走一小段，他很快会自己走得更稳。

🖐 今日打卡任务：

✅ 任务一	✅ 任务二
当孩子做作业拖延时，尝试将他的作业拆解成两至三个"小目标"，并和孩子协商一个完成后的小奖励，记录他的反应。	用一句"情绪接纳句式"开启作业前的对话，比如："你是不是今天不太想写？想不想先从最简单的开始，我们一起试？"

5.4 户外活动，是诸多健康问题的良药

☀️ —给妈妈的一句话：——

孩子的健康不是纠正一个姿势、限制一次屏幕就能解决的，而是从你陪他出门晒一次太阳、慢一点儿走进生活开始的。

"医生说我女儿已经近视二百多度了，还可能有轻微脊柱弯曲，我当时就傻了。"电话那头，这位妈妈的声音里满是焦虑和愧疚，"她才八岁啊，每天写作业都坐得端端正正，我也不让她玩手机，可为什么还是出了问题？"

这不是个例，而是越来越多家庭正在经历的困惑：孩子好像什么都听话，却频频出现健康预警，甚至连睡眠和情绪状态也越来越不稳定。

于是我们开始纠结各种细节：是不是灯光太暗？是不是桌椅不对？是不是书包太重？但很多时候，我们忽略了一个根本性的问题：孩子的身体不该被过度约束，而是需要自由生长。

在临床心理领域，"身体觉察"正受到越来越多的关注，其核心是强调身体的主动感知能力是心理健康的基础。当一个孩子每天长时间静坐、几乎没有日光接触、运动不足时，他的身体就像一棵生长在狭小花盆里的树，看似直立，却因根系受限而无法汲取足够的能量。

我曾遇到过一个读小学五年级的男孩，他因为厌学被带来

做心理咨询。妈妈很焦虑地对我说："他现在一回家就躺着，说头晕、心烦，不想做作业，什么都不想动。"当问到他的日常生活时，她说："早上六点半起床，八点到校，下午五点半放学后直接上英语课，九点才回家。"

"那他这一天里有没有户外活动的时间？"

"几乎没有，学校课间也不让乱跑了，周末他还要练琴。"

我没有立刻评价，而是问孩子："你最喜欢的课是什么？"

"以前喜欢体育，现在也很少上了。"

那一刻，他的眼神是空的，不是懒散，而是长期压抑身体需求后产生的内在脱落。他不是不想动，而是已经不知道自己还能动。

于是我建议妈妈做一件事：从今天开始，每天至少带孩子去楼下晒 20 分钟太阳，哪怕只是绕着小区走一圈。

她一开始很抗拒："有那点时间，我还不如让他多做两道题。"

但她还是试着做了。第三天晚上，她发来微信："今天他回来主动拉着我一起下楼去走路，还说感觉腿好像轻了一点儿。"

孩子身体的复苏，有时就在一次户外的散步里。

很多妈妈以为健康问题是"技术问题"，于是不断控制坐姿，禁止吃零食等。健康从来不是靠纠正就能实现的，而是需要通过引导和带动来培养的。孩子不是机械的健康管理对象，而是会在共处中习得规律的生命个体。

在家庭中建立健康的生活节奏，其实可以很简单：早上起床后，开窗通风让孩子看见阳光；下午放学回家，和孩子散个步再进门；晚饭后，拉着他绕小区走一圈，顺便说说话；周末，全家骑车、远足、爬个小山，不是为了锻炼，而是为了和他在一起。

你会惊喜地发现，当孩子的身体动起来，他的情绪也开始松动。以前爱发脾气，现在多了点笑容；以前一碰作业就烦，现在多了点耐心；以前动不动就喊累，现在可以蹦两圈还拉着你继续玩。

这些变化，可能没有那么快体现到视力表或成绩单上，但它会在你们的亲子关系里，一点儿一点儿生根。

读书是孩子通往知识的路，而身体是连接真实自我与内在力量的桥，**别让它长久空置**。

做一个愿意陪孩子呼吸新鲜空气、挥洒汗水、共赏夕阳的妈妈，不只是关注防止近视、抵抗肥胖、纠正脊柱，更是**和孩子一起把健康过成一种生活方式**。

今日打卡任务

✓ 任务一	✓ 任务二
今天和孩子安排至少一次 10 分钟的户外活动，可以是散步、慢跑、骑车，关键在于你和他一起出门一起运动。	睡前与孩子回顾今天户外活动的感受。

第六章

协助孩子建立高效生活秩序

6.1 孩子作息混乱，引导自主调整生活节奏

给妈妈的一句话：

想让孩子睡得早，不如先让他参与制定自己的。

晚上九点半，家里灯光还亮着，你的耐心已经耗尽。"你到底睡不睡？"你第三次催促，孩子却还在玩玩具、翻绘本，一副根本没打算上床的样子。你非常生气，说："不是说好了九点上床？明天还要上学！"

而他却回一句："你又没提醒我！"或者更直接："我还不困！"

作息问题，似乎永远是家庭生活里让人头疼的难题。你一喊"快上床"，他就立刻"清醒"十倍。你越催，他越赖，最后大家不欢而散。虽然灯关了，但彼此对抗的情绪还在空气中弥漫，让人烦躁又无奈。

很多妈妈把孩子作息混乱归咎为"自控力差""不听话"，

但从心理发展的视角来看，一个孩子之所以"难以入睡"，背后往往不仅是身体没准备好，还是节奏权被剥夺带来的抗拒反应。

孩子的健康成长需要有一个包容的环境，既要接纳他的情绪，也要允许有他自己的节奏，让他能主动投入状态，而不是被迫配合。

我曾接待过一位来访的妈妈，她说："我家儿子每天都要拖到十点以后才愿意上床。我们家一直规定九点睡觉，可他总是能找出各种借口，比如，口渴、肚子疼、袜子没脱、再说一句话、再讲一个故事，弄得我和他爸爸都快疯了。"

她一边说一边叹气："后来我们干脆设闹钟，九点一响就关灯。可他躺下之后就开始翻来覆去，一会儿喊'我睡不着'，一会儿又哭。搞得我们也根本没办法休息。"

我问她："你们有让他参与制定作息表吗？比如，晚上几点上床，几点刷牙洗脸，几点灯光调暗？"

她摇头："没有啊，孩子懂什么？都是我们在做。"

这句话听上去没错，但其实也正是问题所在。当孩子的生活节奏完全由父母掌控时，他们就无法了解和调整自己的身体状态了。他不是故意偷赖，而是试图在"被动规则"中找回一点"能掌握自己的感觉"。

于是我建议她做一张"作息流程表"，由孩子主导设计，家长协助完善。流程不需要复杂，比如：晚上 8:00 是洗澡时间；8:30 选一本睡前读物；8:50 开始刷牙；9:00 准时上床说晚安并关灯。

这些流程不需要强制执行，可以让孩子为每一项亲手画上图案、涂上颜色、标一个时钟图标。到时间了，妈妈不再催促，

而是说："你看看我们的流程表，接下来要做哪一项啦？"

那位妈妈后来反馈说："效果比我想象得好很多。他居然还会主动说：'妈妈，我是不是要开始刷牙了？'我才发现，以前我说早点睡对他来说根本没有概念，而这个表变成了他自己可以掌握的节奏感。"

当孩子作息混乱时，不妨先问问自己：我是在教他如何在生活中找到自己的节奏，还是仅仅要求他服从我的节奏？

更进一步的做法，是给作息一些**仪式感**。比如：睡前 10 分钟，把灯光调暗，通过低声说话给身体准备入睡的暗示；用固定语句作为一天的结束语等。这种方式会比只说"快睡觉"更有效地唤起孩子内在的睡眠准备系统。**因为真正稳定的作息节律，源于身体与心理的协调，而不是命令与服从的较量。**

如果孩子晚间总是临睡前状态兴奋，也请留意是不是白天活动不足、蓝光暴露过多、心理压力堆积导致的。作息问题不能只盯着表面去解决，得从全天的生活节奏中调整。你可以和孩子一起画一张**"生活节奏圆"**，让他在里面标出什么时候最开心，什么时候最困倦，哪个时间段最不想学习。这个充满童趣的小活动，就像给生活照了一面镜子。当孩子用彩笔在圆圈里涂上"下午和小狗玩球时最开心""傍晚写作业时想睡觉"，你会发现孩子真实的感受和需求。

这样不仅有助于建立作息意识，更能让孩子意识到他在生活中是有感受、有选择、有空间的，而不是"一个被定点关机的小机器人"。当孩子在这个节奏圆里标出"不想学习的时间段"，你可以和他讨论："我们要不要试着把这段时间换成先玩10 分钟再学习？"这种带着尊重的协商，会让孩子感受到自己对生活的主动权。

最终，我们不是为了让孩子按时睡觉，而是为了让他学会爱惜自己的身体，懂得生活的规律，找到属于自己的内在节奏。当孩子开始主动说"妈妈，我玩了一下午，现在有点困了"，或是睡前主动关掉动画片说"明天再看"，这些细微的改变，正是内在节奏发芽的信号。

孩子不是不想睡，而是想在自己的节奏里安心地进入梦里。就像候鸟迁徙、花朵开合，每个生命都有属于自己的生物钟，强行拨快指针只会让齿轮卡顿。家长只要愿意节奏慢一点儿、多倾听一点儿、少控制一点儿，孩子自然会学着稳稳地长大。

今日打卡任务

✓ 任务一	✓ 任务二
和孩子一起做一张"作息流程表"，包括洗澡、阅读、刷牙、关灯四步，贴在卧室门口或冰箱上，由孩子每天打勾。	晚上临睡前，和孩子互相分享今天最放松的时刻。

6.2　鼓励孩子主动承担家务，培养责任意识

给妈妈的一句话：

家务不是冷冰冰的任务清单，而是孩子参与家庭、感受自身价值的途径。与其不停地催促孩子去做，不如让他选择想做的家务。

"你看看你自己，从小就什么都不干，饭来张口、衣来伸手！"一位妈妈在厨房大声埋怨，而她的儿子吃完饭把碗筷往水槽一扔就跑进了房间，门"砰"的一声关上了。妈妈望着那扇门，一脸的无可奈何。

在咨询中，我听到过很多妈妈抱怨孩子不做家务、不主动、不懂感恩、不负责任……可当我进一步追问："你小时候是怎么参与家务的？"不少妈妈会迟疑："我们那时候哪里有选择，都是被逼着做的。"

我们这代父母，总是容易陷入纠结之中。一方面，我们不希望逼着孩子去做家务，另一方面，又不想放任孩子不做家务，因为在我们心里始终有个声音在提醒着自己："不做家务的孩子，将来怎么能独立？"

家长担心孩子不做家务，其实不只是纠结他做不做事，心里更盼着孩子能有担当，既能照顾好自己，还能懂得体谅别人。

孩子在长大的过程中，需要从"被别人照顾"慢慢变成"能照顾别人"，而这种转变，只有在让他感到安全、被尊重的环境里，才会自然发生。

当你一次次吼孩子"去把碗洗了"时，他感受到的不是"我重要，我有贡献"，而是"你不满意我"。而这份被指责的情绪，恰恰会让他更想去逃避，因为承担变成了一种被动受罚的体验。

我曾经辅导过一个小学三年级的女孩，她妈妈非常着急："她在学校表现都挺好，就是在家一点家务都不愿意干。"这个女孩在第一次来访时说："我不是不想帮忙，但每次刚要做，妈妈就会说'你肯定做不好''又要弄得一团糟'，那我还不如不动。"

这个例子很典型，有时候孩子不是不愿意去做，而是不被允许有自己的节奏和空间去试错。所以建议妈妈试试这样做：别用指派任务的口气，换成邀请他参与的语气；别直接给孩子布置任务，而是给他开放选择的空间。

具体可以这样操作：准备一张"家庭任务清单"，把可以做的事情分为几个级别，比如"初级任务"（收拾餐具、浇花）、"中级任务"（叠衣服、擦桌子）、"挑战任务"（洗碗、扫地、打扫宠物窝）。然后请孩子在上面选三项他愿意去做的家务。

这种做法，表面上是让孩子自己选择，但本质上，是在赋予他一种对家庭生活的参与感和掌控感。孩子不是被要求的人，而是被邀请的人。

慢慢地，当他发现自己做这件事有人看见，也有人认可时，他内在的责任系统才会真正启动。而你，也不再需要用命令的方式给他指派家务。

你还可以尝试和孩子建立"家务时间的情绪连接"。比如，一起叠衣服时放一首他喜欢的歌，一起洗碗时聊聊学校发生的小事。让做家务不再是完成任务，而是成为彼此一天中一段温馨的亲子时光。

有一次，我看到一个八岁男孩在洗碗，他一边哼歌一边认真擦碗，妈妈在旁边拍视频，温柔地说："我发现你今天洗得比上次还干净。"孩子转过头笑了一下，说："因为你在看。"

很多时候，孩子不是不做，而是不知道自己做的有没有意义。而意义的产生，恰恰来自你的注视、你的肯定、你给予的空间。

别让家务成为亲子关系中容易引发矛盾的事情，试着把它变成你和孩子共同参与、一起成长的途径。你不必要求孩子成为什么家务都会做的"小帮手"，只需引导他成为在家庭中愿意承担责任的一员。当孩子主动去承担家务时，你会发现自己不仅不需要再唠叨了，还能和孩子建立起温和的亲子协作关系。

今日打卡任务：

✓ 任务一	✓ 任务二
和孩子一起制作一份"家庭的任务清单"，列出家中 3~5 项可选家务，让孩子每周自由选择 2 项执行，并贴在冰箱或墙面。	当孩子完成一项家务时，请说出具体的肯定："谢谢你今天认真擦了桌子，妈妈觉得特别干净。"

6.3　帮助孩子合理规划物品，提升自理能力

☀️— 给妈妈的一句话：

　　孩子把东西弄乱，不是因为他懒得收拾，而是他还没有习得整理物品的能力。与其批评他，不如带着他一起收拾。

　　你有没有经历过这样一个场景：早晨，你推开孩子的房门，扑面而来的是积木、绘本、袜子和书包混杂在一起的"灾难现场"。然后，你一边捡起地上的水彩笔，一边喊："你怎么把房间弄得这么乱？你都不知道收拾的吗？"孩子呢，可能正躺在床上看着绘本，或者一边咬着铅笔一边说："等下就收。"可这个"等下"往往是遥遥无期，最后还是你自己动手来收拾。

　　其实，孩子不愿收拾东西背后的情绪反应，往往不是对家务的反抗，而是面对任务的无可奈何。我们以为孩子是不想整理，其实他是不知道如何开始，更不确定怎么做才算完成。换句话说，他不是不想自己整理好，而是根本不知道整理好应该是个什么样子。

　　孩子需要一个可以理解的外部世界，当环境变得复杂无序时，孩子很容易感到被控制或失控，于是退缩、拖延、逃避成为他们保护自我边界的一种方式。

　　我曾接待过一位妈妈，她一边哭一边说："我家孩子房间乱成一团，我每周至少帮他大清扫一次。每次让他自己动手整理，但他就像没听见一样，怎么说都不动。"而她的孩子，十岁了，

此刻正安静地坐在接待室的沙发上，一言不发。

我没有直接问他"你为什么不收拾"，而是请他画一张你最喜欢的房间的样子。几分钟后，他画了一张有窗帘、柜子、颜色鲜明的房间，还特别画了三个带标签的收纳盒。

我指着那三个盒子问："这些是什么？"他回答："玩具盒、书盒，还有杂物盒。"我问："你房间里现在有吗？"他说："没有。"

这就是关键，孩子的混乱行为，**往往源自外部空间缺乏可视化结构和引导工具。**当空间混乱时，孩子很容易觉得反正收了也白收，久而久之，便形成了习惯。所以我们要做的，不是责骂孩子"为什么不动"，而是和他一起找到"从哪里开始动"。

你可以先从**"分类可视"**入手，和孩子一起制定三类物品标准：常用（每天都用）、偶尔用（一周几次）、备用（几乎不动但不想扔）。用不同颜色的小贴纸或收纳框标记出来。

接下来再进入**"渐进式任务"**。别说"去把房间收拾好"，这对孩子来说和"把宇宙整理一遍"差不多模糊。可以尝试说："我们今天只整理书桌；明天来整理地面玩具。"这样一来，每次的任务都有边界，都可达成，孩子不会因为不知所措而提前放弃。

你还可以引导孩子用**"物品命名法"**为自己的空间赋予情感意义。比如把收纳盒贴上"宝藏基地""阅读能量站""贴纸王国"等标签，让收纳变成一种角色扮演游戏，而不是在执行父母的命令。

情绪上的激励也很重要。当你看到孩子开始动手收拾时，请及时给予肯定性的反馈，而不是指正他哪里没收好。你可以说："我注意到你今天把书都整理到一个地方了，真有条理。"这样不仅帮助他建立成就感，也增强他下次整理的主动意愿。

我还见过一个特别温柔的做法，一位妈妈每天晚上会和孩子进行三分钟"房间小巡视"，不是为了挑错，而是问："你觉得我们今天有没有哪个角落需要多关心一下？"久而久之，孩子会自动养成"我和房间有连接"的意识，从"房间是妈妈的责任"过渡到"空间是由我来照顾的"。

所以别再说"你怎么还不收"，换成"我们今天先收拾哪一块小地方"，你会发现，当整理变成一起合作的事，而不是一种惩罚，当物品分类摆放而不是随意堆叠，孩子就会慢慢产生主动整理的意愿。

今日打卡任务：

✓ 任务一	✓ 任务二
和孩子一起制作一张"家庭空间地图"：用 A4 纸画出房间结构，并用贴纸标出"玩具区""书本区""杂物区"，一同决定这些区域的收纳方式。	每晚固定进行 3 分钟"房间巡视"，让孩子说出"我今天想整理的一个角落"，你用一句具体的赞美回应孩子的努力，比如："你今天把桌面上的文具排得特别整齐，真有秩序感。"

第四篇

· 再见，陪写作业时的鸡飞狗跳 ·

第七章

不做"无效陪读"

7.1 孩子做作业走神，自主管理注意力的引导

给妈妈的一句话：

孩子走神并非不认真，而是大脑发出"需要休息"的信号。比起责怪他不专注，教会孩子管理注意力才更有效。

你有没有经历过这样的场景？孩子坐在书桌前，数学作业才写了一道题，就开始左顾右盼，一会儿玩橡皮，一会儿挠头发呆。一页作业折腾了半个多小时还是毫无进展，这时候你的火气也逐渐升腾，于是斥责他："你到底是在做作业，还是在发呆啊？能不能集中点注意力！"

相信很多家庭每到傍晚都会上演类似的"作业大战"，焦虑和催促充斥着整个房间，孩子的注意力却越来越难以集中，心思早已飘得无影无踪了。但其实，大多数孩子并非不愿意专心，而是他们还不知道怎样专注。这种能力并不是天生的，需要我们耐心地教给他们。

记得有一次，一个三年级小男孩的妈妈焦虑地告诉我："他每晚能在书桌前坐两个小时，可就是写不出几道题。"我找孩子单独聊，他无奈地跟我说："我也想快点儿完成作业啊，可脑子里总是会冒出很多其他的想法，我真的**控制不住**。"

这样的情况其实并不少见，尤其是小学阶段的孩子，大脑皮层仍处在快速发育阶段，他们的注意力调节能力还非常有限。儿童神经心理学的研究发现：7~10 岁的孩子能够持续集中注意力的时间通常只有 15~25 分钟。但我们总期待孩子一坐就是 1 个多小时，且过程既要专注又得高效。

其实，孩子做作业时走神，往往不是偷懒，而是大脑疲劳之后的**一种自我保护措施**。也许他们自己也没意识到，只觉得越来越烦躁，无法进入状态。当他们表现出这些迹象时，说明他们需要稍作休息。如果这个时候父母只是一味地责备，孩子只会更加内疚、更加抗拒，反而无法重返专注的状态。

与其一遍遍催促孩子快点写，不如直接教他们如何高效地写。这里推荐一个简单又实用的方法——**"番茄工作法"**。方法的核心是把学习时间分成一个个**短小的单元**，每个单元学习 25 分钟后，休息 5 分钟。完成四个这样的循环后，再给自己一个更长的休息时间。你可以和孩子一起做一个"番茄任务表"，让他主动决定在接下来的 25 分钟里完成哪些题目，完成后再和他一起回顾一下："刚才的安排合适吗？你感觉轻松还是紧张？下次想怎样调整呢？"重点是，要让孩子主动地去掌控自己的专注力，而不是被动地被催促着学习。这样一来，孩子不但能掌握如何保持专注，还能学会如何觉察和管理自己的状态。

另外，我也常鼓励家长用**"冷却空间法"**。当你发现孩子开始频繁走神时，不要立即指责，而是温和地提醒他："是不是脑袋里装满了太多想法？要不要起身活动一下，或者做个眼保健操，让脑袋休息休息再继续呢？"这是一种尊重孩子内在节奏的做法，不是强迫集中，而是顺应和调节注意力。

还有一个特别好用的小技巧：和孩子一起制作一张**"注意力能量图"**。画一张简单的曲线图，以时间为横轴、注意力为纵轴，让孩子自己标记出每天的专注高峰和容易走神的时段。这样一来，你就能帮助孩子找到属于他自己的黄金学习时段了。

当孩子说"我不想学习"时，背后很可能隐藏着一句"我不知道怎么学"。这时，可以试试**"情绪共情三步法"**：首先**看见孩子的情绪**（你现在是不是觉得很烦躁，注意力集中不起来？）；再**理解他的感受**（可能是题目难度太大，或者学习时间太长了？）；最后**温柔地回应他**（不如我们试试番茄钟方法，轻松一点儿地学习，好吗？）。

我们并不是要与孩子对抗，而是要**帮助他们看见自己的状态**，懂得关注自己的情绪波动和注意力起伏，并教会他们如何在混乱中重新找到专注的节奏。

我曾经见过一个小女孩，每当她察觉自己开始分心时，就会悄悄拿出日记本，快速记录下自己当时的感受："刚才我走神了，因为妈妈一直催我，所以我有点烦躁。"然后合上日记本，再重新投入学习。这种主动的**觉察与记录**，本身就是一种极其宝贵的注意力管理能力。

别总是盯着孩子催他集中注意力，不如教他如何**管理专注**

力。这项能力不仅能帮他顺利完成作业，更能让他终身受益。你不用天天守着监督，帮孩子找到自己的节奏就行。比如和孩子一起制定"专注小工具包"：当孩子意识到分心时，可以选择用3分钟跳绳释放精力，或是在纸上画下此刻的心情，又或是吃一小块儿水果重新激活感官。这些个性化的调节方式，就像为孩子配备了专属的"注意力调节旋钮"。曾有研究表明，从小具备自我觉察能力的孩子，成年后应对压力和干扰的韧性更强，因为他们早在童年就学会了与自己的状态共处，而不是在对抗中消耗能量。

今日打卡任务

✓ 任务一	✓ 任务二
和孩子一起用"番茄工作法"规划自己的学习时间。准备好计时器，设定好今天的学习目标，按照25分钟专注学习、5分钟休息的节奏进行。在每个单元结束时，让孩子自己评估："我刚才专注了吗？"	和孩子一起绘制"注意力能量图"，用不同颜色标记出今天的专注高峰时段和走神时段，并贴在书桌旁以便观察规律。

7.2　孩子学习心不在焉，探寻自主专注的路径

给妈妈的一句话：

> 孩子学习心不在焉，往往不是不用心，而是注意力被情绪或环境带走了。想让他真正投入，必须先陪他找到分心的原因，再温柔地引导。

你是否也经历过这样的时刻？孩子坐在书桌前，看似在写作业，手握着笔，可眼神却飘到了窗外。一页作业反复翻看，嘴上说着"我在想"，其实早就神游天际了。你忍不住提醒他："专心一点儿，别总是分神！"语气里带着焦躁。而孩子却突然爆发："我已经很认真了！是你老盯着我，我才烦的！"

孩子这样心不在焉，我们会认为问题在于孩子态度不好，觉得他就是不用心、不配合，甚至怀疑他根本没想学。但实际上，孩子分心的背后，往往隐藏着情绪干扰、能力挑战或环境不适等诸多因素。孩子有时不是不愿意专注，而是他的专注力，正被这些因素悄悄"绑架"。

我曾辅导过一位五年级的男孩，他妈妈无奈地说："他做题时总在唱歌，或者玩笔头、画画。"我和他聊了聊，问他："你写题的时候，脑子里在想什么？"他说："我一直想着今天打篮球时没进的那一个投篮，我控制不住，就一直回想那个画面。"这是典型的专注被情绪给打断了。

很多时候，孩子发呆并非态度松散，而是他的注意力被其

他事情占据了，也许是对失败的懊恼、对任务的焦虑、对环境的烦躁，也可能只是单纯的脑力疲劳或任务难度超出当前能力。尤其对于仍在成长中的孩子来说，专注本身就是一项**需要不断练习**的能力，远不是一句"你要认真点儿"就能解决的。

我们常希望孩子能像开灯一样，一坐下就"啪"地进入学习状态。可现实中，**大脑运转是需要预热的，情绪干扰也需要疏通，任务本身也需要合理匹配。**只有当这些条件准备好了，那个叫"专注力"的小按钮才可能被顺利按下。

怎么帮孩子找回注意力？不靠责骂和盯梢，而是通过**观察、理解、调整**这三步。比如，当你发现孩子频繁走神时，可以试着这样对他说："你刚刚做题的时候一直停下来，好像不在状态。是不是今天有点累了？或者还有别的事挂在心上？那我们不如从一道你觉得最简单的题开始，慢慢找回感觉，好不好？"

这种方式不是在强迫他立刻进入状态，而是在帮助他一点点找回**掌控感**，从而更愿意回到学习中来。

此外，别忽视学习环境的影响。营造一个**"低干扰、高安全感"**的空间，远比你想象得有效。这并不意味着必须安静无声，而是让孩子感觉这个空间是稳定、熟悉且舒适的。在这个空间中设立一个专属学习角落，配上孩子喜欢的文具、柔和的灯光、轻音乐，甚至点一支他喜欢的香薰，都能潜移默化地调节他的情绪和专注状态。

还可以把"专注"变成一种**"游戏"**。比如每次学习开始前，设置一个 20 分钟的计时器，挑战期间不说话、不分神，完成后可以获得一颗"能量星星"，集满可以兑换一个想要的物品。这种轻松又有趣的方式，让孩子在无压的氛围中主动参与，

自然也更容易练就专注力。

在学习之后，我们也可以进行一些简单但有仪式感的**小复盘**，比如，闭上眼睛听一首轻音乐，画一个代表心情的小表情，或者写下一句感想等。

情绪是学习的温度计，专注力是孩子心理的风向标。当你愿意放下控制，**选择陪伴**，当你不再急着纠正，而是**学着理解**，你就已经走在真正支持孩子自主管理的道路上了。

今日打卡任务

✓ 任务一	✓ 任务二
和孩子一起共创一个"学习情绪温度表"：记录他在不同时间段的情绪和注意力状态，帮助他觉察"什么时候我最容易分心？可能是什么原因"。	当发现孩子走神时，试着运用观察、理解、调整这三步帮孩子找回注意力。

7.3 孩子写作业慢，接纳错误促进自主改进

☀ 给妈妈的一句话：

> 孩子成长中每一次犯错，都是在发出求助信号。与其急着纠正，不如先看见他背后的情绪和思考方式，只有这样，他才能真正学会改正。

你是不是也遇到过这种情况？孩子写作业写得特别慢，你强忍了好几次，最终还是没忍住，指着那道数学题皱起了眉说："这题你不是做过吗？怎么又错了？"孩子有些慌张地停下笔，小声地说："我……忘了。"你的语气也不由自主地变重："这么简单都错，你到底有没有用心？"

接下来，是熟悉的沉默，或者更激烈的对抗。孩子闷着头不说话，开始磨蹭、发脾气，甚至干脆撕掉作业本。而你，站在一旁，心累到极点，觉得陪孩子写作业怎么就这么难。

很多妈妈会觉得孩子写得慢是效率低，错题多是态度问题。但其实，真正的问题往往不在于会不会，而在于孩子怕出错。孩子并不是不懂，只是害怕出错之后的批评，害怕再一次让妈妈失望。

他写得慢，也许是因为在小心翼翼地避免错误带来的打击；反复擦写，可能是在拖延面对失败的那一刻；而选择逃避，则是因为在他的认知中，"错了"就等于"不被接纳"。有些孩子甚至会装不懂，不是他们真的不明白，而是"我不会"比"我明明会却做错了"更容易被原谅。

在一次咨询中，一位妈妈满脸苦恼地说："我儿子做题特别慢，一页作业能写 1 个小时。每次我一催，他就更慢了。"我和孩子聊了聊，问他为什么总是拖延那么久。他低头小声说："我怕做错，错了妈妈会说我……所以我不写完，就不会有错。"

那一刻，妈妈的眼眶红了。她原以为自己是在帮助孩子进步，可孩子感受到的，却是压力。

孩子从父母那里学到的不只是知识，还有对错误的看法。而这种看法，深刻地影响着他**是否敢于尝试，是否愿意承担后果，是否有动力去修正错误。**

所以，我们需要做的，不是急着提醒孩子快点写完，也不是立即进行纠错，而是从根本上**改变我们对错误的态度。**我们可以问问自己：我能不能允许孩子出错？我有没有为他营造一个"错了也没关系"的学习环境？

如果孩子感受到"我可以在安全的氛围中出错、思考、再尝试"，他的学习才会真正启动，并不再把犯错当成羞辱，而是当作一个学习中正常的信号。

我们可以这样引导孩子：

"这道题你有点不确定，对吧？那我们来当侦探，看看是不是有哪个线索被你**忽略**了？"

"我不急着告诉你答案，你**再读一遍题目**，我们**倒着分析**看看。"

"错了没关系，你要是能**自己发现错误的原因**，那才是最棒的。"

比起一遍遍地去纠正，或许在书桌上贴一张便签纸会更有效，上面写着："今天我自己发现的一个错题是：_____。"你也可以和孩子一起建立一个"错题小账本"，但不是用来惩罚的，而是记录孩子可以进步的地方。

这种方式的核心，不是纠正错误，而是建立一种"我可以靠自己改正"的思维模式。一旦孩子掌握了这种思维，他就会从害怕犯错，转向愿意主动发现问题并修正。此后，错误就不再是失败的象征，而是一次又一次练习的机会。他越不害怕出错，就越敢尝试新方法，并调整节奏，找到最适合自己的学习路径。

当我们把犯错从羞耻转变为探索时，孩子才不会因为害怕犯错就逃避，也不会因为速度慢就沮丧。他需要的是一个"安全学习场"，在那里，他可以带着不完美被看见，也可以被理解和尊重。

你的态度会直接影响孩子如何看待自己。你越能包容他的不完美，他越有可能成为那个愿意自己努力、不断进步的孩子。

我们当然希望孩子能够独立、自律、高效。但真正通往这个目标的路径，并不是靠批评塑造出来的，而是每次当他犯错时，你温柔坚定地告诉他："我相信你可以做得更好。"并陪着他一起找原因，一起改正，一起向前走。只要你在他身边，不吼不急，静静陪着他，就已经给了他继续努力下去的勇气。

今日打卡任务

✓ 任务一	✓ 任务二
今晚作业结束后，不要急着批改或指出错误，只问一句："今天你写得最顺利的是哪一道题？为什么觉得顺？"	选择一道错题，引导孩子说出："我猜我错的地方是……"鼓励他表达自己的想法，不急着纠正答案，而是帮助他建立自我觉察的习惯。

7.4 评价作业质量高低，尊重孩子自主感觉

给妈妈的一句话：

作业评价不是审判台，而是孩子成长的放大镜。在那些看似不完美的笔触里，藏着比答案更珍贵的勇气与进步。

台灯在书桌上投下一圈暖光，张妈妈盯着儿子的数学作业本，指尖不自觉地敲着桌面。作业本上 10 道计算题错了 3 道，应用题的单位还漏写了。她声音里带着疲惫，语气严厉地说："跟你说过多少次，要么不做，要做就做好。"这样的例子很多，让我印象比较深的还有一个小女孩，她叫小雨，读二年级。她为了让生字本达到妈妈要求的每个字都像印刷体的标准，整整两个小时反复擦拭同一个"田"字，最后纸张破了洞，她不敢抬头看妈妈，眼泪直往下流。

家长总追求孩子作业要做到尽善尽美，这种对完美的过度执着，就像拿着一把看不见的尺子，时刻衡量着孩子作业里的一笔一画、对错好坏。可这么一来，孩子慢慢就不敢大胆下笔写字了，连好好写作业的勇气都没了。当家长反复强调"必须做好"，孩子的大脑会形成条件反射，将作业等同于压力。这种压力会抑制前额叶皮层的思考功能，导致孩子写作业时过度关注错误，反而降低效率。就像总被要求"不能弹错音"的钢琴初学者，最终只会在琴键前浑身僵硬，忘记音乐本身的美好。

在一次家长会上，一位小学老师分享了这样一个故事：她班上的男孩小航，曾经每次交作业都躲在教室最后一排，因为妈妈总会在作业本上留下刺眼的红叉和"重写"的批注。直到有一天，老师建议妈妈试试**完成度优先**的评价方式。那天晚上，小航用拼音加汉字歪歪扭扭地写了一篇日记，妈妈第一次在文末画了颗星星，并写了批注："今天主动写日记，就是最大的进步！"第二天清晨，小航蹦跳着把作业本递给老师，眼睛里闪着光。

这个转变的关键，在于家长意识到：完成作业本身，已经是孩子对学习的承诺。就像学走路时的孩子第一次独立迈出三步，父母的掌声比纠正脚步不够稳更重要。家长可以试试**"正向开场法"**，接过作业本时先说一句"今天按时完成作业，妈妈觉得你很有责任心"，然后再和孩子一起分析问题。这种先肯定后引导的方式，能让孩子感受到"我的努力被看见"，而非"我的错误被审判"。

三年级学生朵朵家里有一面**"进步墙"**，每次作业有亮点就在墙上贴一张彩色贴纸。作业中的亮点可能是整洁的日期书写，可能是应用题中独特的画图解题法，甚至可能是主动订正的态度。三个月后，朵朵看着贴满整面墙的贴纸说："原来我这么棒！"这种具象化的进步记录，让孩子**直观看到自己的成长**比抽象的表扬更有力量。

另外，我们常常能听到这样类似的对话："你看明明哥哥，作业从来都是 A+，你怎么就做不到？"家长或许没有意识到，这种横向比较正在悄悄拆解孩子的自我认同。就像强迫玫瑰去模仿百合的芬芳，最终只会让玫瑰怀疑自己存在的意义。每个

孩子的学习节奏不同，有的像春日的樱花绚烂绽放，有的像深秋的银杏沉淀金黄，花期不同，却各有美丽。

建议家长可以为孩子建立"**纵向成长档案**"，把孩子每周的作业按时间顺序装订，翻到某一页时可以这么说："你看，这个'横折钩'上个月还写得歪歪扭扭，现在写得又直又漂亮。"这种对比不是为了挑剔过去的不足，而是**让孩子看见"我在进步"**。神经科学研究发现，当大脑识别到自身的积极变化时，会分泌多巴胺，激发持续努力的动力。

让孩子成为作业的"小主人"，是培养自主评价能力的关键。四年级学生轩轩的妈妈，每天晚饭后都会和他玩一个"作业寻宝"游戏：轩轩要在自己的作业里找到至少一个闪光点，可以是正确的解题思路，可以是工整的某行字，甚至可以是认真涂改的痕迹。有一次轩轩指着数学本上说："这道题我虽然错了，但我画了线段图帮助理解。"妈妈趁机说："**这种探索的过程，比答案更重要。**"久而久之，轩轩学会了用欣赏的眼光看待自己的努力，不再依赖外界的评价来判断好坏。

在心理咨询室，一位妈妈曾哭着说："我明明想好好和孩子说话，可一看到作业错误就忍不住发火。"这背后隐藏的，是家长对孩子学习的焦虑，以及不知如何正确表达关心的困惑。其实，评价作业的过程完全可以成为**亲子沟通的契机**。看作业也需要选择孩子和自己都放松的时刻，比如晚餐后半小时，坐在沙发上，让孩子把作业本摊在两人中间，以平等的姿态开始交流。

"今天写作业时，有没有遇到让你特别有成就感的题目？"当家长说出这句话，孩子的眼睛往往会亮起来。五年级学生小雨的妈妈发现，自从她开始问这个问题，小雨会主动指着作文本说："我写了一个关于蚂蚁搬家的比喻句，你觉得怎么样？"这时妈妈会认真地说："这个比喻很生动，让我想到了自己小时候观察蚂蚁的情景。"这种对话式的评价，让孩子感受到自己的思考**被尊重**，也让作业不再是冷冰冰的任务，而是连接彼此的话题。

需要警惕的是"**隐性否定**"的伤害。有些家长虽然不说重话，但频繁的叹息、不耐烦的翻页动作，或是未经允许的修改，都会让孩子感到自己的努力不被认可。就像园丁在修剪花枝时，粗暴地剪掉所有侧芽，只留下主枝，最终会让植物失去自然生长的活力。正确的做法是，**把修改的主动权还给孩子**："这个句子你觉得哪里可以调整？妈妈帮你拿字典查一下词好不好？"这种支持性的陪伴，让孩子在修正错误时感受到的是帮助，而非否定。

评价作业的**语气和姿态**，比内容本身更重要。一位爸爸分享了他的"三步法"：首先，蹲下来和孩子平视，用手掌轻轻覆在孩子握笔的手上，说："我们一起看看今天的作业。"这个动作传递出"我和你站在一起"的信号，而非"我在审视你"。然后，用"你看这里……"的句式代替"你怎么又……"，比如"你看这个小数点，如果点在这里会更清楚"，把焦点放在问题本身，而非孩子的能力。最后，用具体的期待代替空洞的要求："明天我们可以试着先读题三遍再动笔，好吗？"

具体的肯定比笼统的表扬更有价值。当孩子的作文用了新学的成语，家长可以说："这个'栩栩如生'用得很贴切，让我眼前浮现出你描写的那只小猫。"而不是简单说"写得不错"。

这种细节上的关注，让孩子知道自己的用心被看见，也会激发他们进一步探索的欲望。就像画家在画布上捕捉到一缕光影的变化，这种敏锐的观察能让孩子感受到，**学习不是机械的重复，而是充满发现的旅程。**

在处理作业错误时，**渐进优化**比推倒重来更有效。比如孩子的英语单词默写错误率高，家长可以和孩子约定："这周我们先集中攻克 5 个容易混淆的单词，每天多写两遍，周末我们来个小测试，看看有没有进步。"这种分阶段的小目标，让孩子在完成时获得成就感，逐步建立信心。就像登山者设定每个休息点，每到达一处，都能看到更美的风景，从而更有动力继续攀登。

重要的是家长从"评判者"到"陪伴者"的角色转换，就像领航员不会一味指责水手划桨的姿势，而是站在船头指引方向，家长需要做的，是在孩子遇到困难时，提供具体的支持，而非空洞的批评。当我们不再纠结于某道题的对错，而是关注孩子在写作业过程中展现的**坚持、创造力和反思能力**，就会发现，每个作业本都是孩子成长的年轮，记录着他们如何从懵懂走向清晰，从犹豫走向坚定。

深夜，当我们轻轻翻开孩子的作业本，看着那些稚嫩的字迹和歪斜的图画，不妨想想：这个正在努力成长的小人儿，曾在清晨为了记住一个单词反复念叨，曾在黄昏为了一道数学题皱眉思索。那些所谓的"错误"，不过是成长路上的脚印，每一个都见证着他们的**勇敢尝试**。

教育学家苏霍姆林斯基说过："教育的本质，是一棵树摇动另一棵树，一朵云推动另一朵云，一个灵魂唤醒另一个灵魂。"

当我们用温柔的目光看待孩子的作业，用耐心的话语引导他们改进，就是在完成这场神圣的唤醒。或许孩子的作业永远不会达到我们心中的完美标准，但那又有什么关系呢？重要的是，在这个过程中，他们学会了正视自己的不足，接纳自己的不完美，并且愿意为了更好的自己而努力。

下次当你接过孩子的作业本时，请记住，你手中捧着的，不是一张写满答案的纸，而是一颗渴望被认可、被理解的心灵。多一些**肯定**，少一些苛责；多一些**倾听**，少一些评判。让我们用信任的土壤、鼓励的雨露，陪伴孩子在学习的田野上，慢慢生长出属于自己的茂盛与葱茏。

今日打卡任务

✓ 任务一	✓ 任务二
进步发现日记：今晚翻开孩子的作业，找一个微小的进步，哪怕只是一个工整的标点、一次主动的验算，记录下来并告诉孩子："妈妈看到你今天 _____，这说明你 _____，真为你高兴！"	和孩子一起翻看他三个月前的作业，对比现在的进步，让他直观感受自己的成长。过程中多问他："你觉得自己哪里变得更厉害啦？"倾听他的发现，让成长可见可感。

7.5 逐步培养孩子自主检查能力

☀ 给妈妈的一句话：

当你愿意放手让孩子自己检查作业，你不仅是在培养他的责任感，更是在悄悄帮他建立一套自我管理的能力系统。

很多妈妈在孩子写完作业后，都会习惯性地冲上前去，一道题一道题地检查，一个字一个字地看，生怕哪里有疏漏。可你有没有注意到，当你这么做时，孩子有时会表现出不耐烦，甚至选择逃避？其实，这背后藏着的不只是"嫌麻烦"，更是孩子感受到的一种隐形的压力，他觉得自己被质疑了，觉得你并不相信他能独立完成，甚至开始怀疑自己是不是永远都达不到你的要求。

当孩子的情绪调节能力还没完全成熟时，这种我是不是又让妈妈失望了的感觉，会让他越来越不想面对作业。学习的主动性，也在这种持续的"被介入"中悄然消失。

我曾遇到一位妈妈，一边焦急地说："他检查总是马虎，我又不放心，怕他出错，所以干脆我来查。"同时，一边又抱怨道："但他现在什么都不愿意自己想，总依赖我。"这种看似矛盾的局面，其实正是"过度介入"的副作用。当孩子缺乏自主空间时，他们自然不会主动承担责任。

其实，孩子的自我检查能力并非与生俱来，他需要鼓励、练习和引导。在一个宽松的环境中，用清晰、具体、温和的方法慢慢培养，效果会远胜一味地替他完成。

一个简单但有效的方式，是一起制定一份"自查清单"。不需要很复杂，只要几项关键内容，比如：题号有没有写错？计算过程完整吗？书写是否清晰？让孩子在每次完成作业后，自己对照检查，哪怕一开始他只检查了一两项，这也是孩子学会自我负责的开端。

当"检查"变成孩子自己管理的一部分，而不是妈妈永远盯在背后的任务，亲子间的冲突会自然减少。妈妈也从"挑错的人"转变为"支持的伙伴"，孩子会感受到更多信任，也更容易调动起内在动力。

当然，放手不等于放任。你可以采用"逐步退出"的策略：一开始陪孩子一起对照清单，逐条核对，慢慢让他尝试独立完成，你只在一旁陪伴。过程中遇到问题时，不急着下判断，而是鼓励他说出自己的想法，比如："你觉得这道题哪里可能不对？你怎么看？"

这种过程，其实是在培养孩子的"自我效能感"，这是一种"我能解决问题"的信念。当他发现自己能发现并修正错误时，那份小小的成就感，比任何外在的夸奖都来得真实而深刻。

当然，这个能力不会一蹴而就。孩子在练习中也会出错，也会依赖你的提醒。但你要知道，真正重要的不是他现在能不能检查得完美，而是他有没有在这个过程中一点点学会为自己的学习负责。

如果你发现他排斥这个过程，可以试着用游戏的方式调动他的兴趣。比如，把清单做成"打卡表"或"任务贴纸"，每完成一次自查就能获得一个小奖励；或者一起玩"找错游戏"，你

和他分别找错，看谁更快、更准，让检查变得有趣又有成就感。

在**语言表达**上也要格外注意。少说"你怎么又错了"，多说"我们一起来看看这道题有没有可以优化的地方"；少用"你总是粗心"，多用"你已经越来越会检查啦，下次我们再提醒一下这个地方就更完美了"。这些温和的、引导式的话语，会大大增强孩子的参与感与积极性。

我曾辅导过一位妈妈和她的孩子一起制作自查清单，从最初孩子的抵触，到后来每天主动复查并记录错因。孩子慢慢不再需要妈妈帮忙，而是会自己拿出清单认真过一遍。这种从"我不会"到"我愿意尝试"的转变，不仅提升了作业质量，更带来了学习态度上的巨大转折。

你还可以设立**"每日复盘时间"**。作业完成后，不是妈妈纠错、孩子听讲，而是孩子先自查，再跟妈妈一起复盘："今天你最满意的是哪道题？有没有哪道题下次可以做得更好？"这种双向反馈模式，不仅建立了孩子的自主性，也让妈妈保留了参与感，而非成为"作业监督员"。

当然，妈妈自己的情绪管理也很关键。面对孩子反复出错时，请不要急躁、不要指责，深呼吸，告诉自己："孩子正在学习，不完美是正常的。"你情绪稳定了，孩子才能安心地在这个安全氛围中继续前进。

如果你希望今天就开始实践，不妨按照下面几个步骤试一试：

第一步，**和孩子一起设计一份简单明了的"作业自查清单"**。清单中包括题号、书写整洁、计算过程、思路完整等内容。让孩子参与设计，他会更愿意使用。

第二步，<mark>陪着孩子第一次使用清单完成检查。</mark>不要立刻指出错误，而是鼓励他说出自己的判断："你觉得这个答案合理吗？有没有想再确认一下的地方？"

第三步，<mark>给出积极的反馈。</mark>不论有没有发现问题，都要肯定孩子动脑、自主思考的过程，比如说："你能自己把这些内容再看一遍，已经很棒了。"

第四步，<mark>让孩子独立进行。</mark>逐渐减少你的参与，鼓励孩子独立完成检查，并引导他将发现的错误记录下来，而不是一改了之。

第五步，<mark>每天设定一个 5 分钟的"复盘时间"。</mark>不问对错，只聊经验感受："今天你觉得哪个部分最有成就感？有没有什么地方想改进？"

只要你肯放手，给孩子一些时间、一份信任，他会慢慢学会把"检查"当成自我成长的一部分，不再把它视作"被审查的压力"。你也会看到，一个更独立、更自律、更自信的孩子，正在一点点成长起来。

陪伴孩子写作业，不是为了替他把一切都做完，而是为了在他还不够稳的时候，帮他搭一架梯子，带着他一步步走向真正的自主和成熟。

今日打卡任务

✓ 任务一	✓ 任务二
今晚和孩子一起制定一份简洁的"作业自查清单"，内容可以包括题号核对、步骤完整性、书写整洁等。	鼓励孩子独立使用清单检查一次作业，你在旁观察，不急于指出错误，而是请他先表达自己的判断，再一起讨论可以改进的地方。

第八章

助力孩子优化学习效能

8.1 孩子面对分数，引导自主看待学习结果

> **给妈妈的一句话：**
>
> 分数只是学习的一面镜子，重要的是引导孩子读懂镜子里的自己。

每次考试一结束，很多妈妈最关心的问题就是："考了多少分？""排名第几？""有没有进步？"这很正常，因为分数直观、清晰，似乎能立刻告诉我们孩子学得怎么样。但如果我们只关注分数的高低，就很容易让孩子在一次次的**比较**中，丢失了学习的兴趣，甚至对学习本身产生恐惧。

我曾接待过一位妈妈，她满脸焦虑地对我说："孩子才考了70多分，我问他为什么这次分数这么低，他什么都不说，整天闷着头，学习也没劲。"她的焦虑，其实孩子感受得一清二楚。孩子不敢说，是**怕被责备**，**怕让妈妈失望**，慢慢地，开始逃避，不愿面对学习。

很多时候，孩子不是不在意分数，而是**太在意了**。他们在意你的眼神，在意你的一声叹息，甚至在意你翻开试卷那一刻的眉头紧锁。**他们把分数当成"你爱不爱我"的某种凭证**，这比考试本身更让人紧张。

其实，分数不是最终目标。它是一段学习过程中的反馈，能让我们知道哪些地方做得对，哪些地方需要改进。我们不应只盯着分数，而是做一位帮助孩子分析学习情况的**引导者**。

当孩子拿着试卷回家时，别急着问"你这道题怎么又做错了"，不妨换个方式开启对话："你觉得这次考试里，哪部分最有挑战？""有没有哪道题做对了让你觉得很有成就感？"这些开放式的问题，不但能打开孩子的**表达欲**，也能帮助他重新**聚焦到学习的内容上**。

心理学研究早就指出，孩子对分数的态度，很大程度上来自家庭氛围。如果父母重过程、倡导努力、愿意聆听，孩子就会更愿意面对失败、主动改进；如果父母过分强调分数和排名，孩子反而容易陷入"只许赢不能输"的心理陷阱，从而在一次失败后选择逃避挑战，害怕尝试。

我记得一位妈妈讲过她和女儿涵涵的故事。那次涵涵语文考试只考了 65 分，平时一直是班里尖子生的她，回家连试卷都不敢拿出来，站在门口眼泪汪汪。妈妈没有责备一句话，只是轻轻抱住她说："你肯定很难过吧，先来个抱抱？"那晚，她们没有讲成绩，而是一起坐下来，对每一道错题分析错因，有的错是粗心，有的是没读懂题意。妈妈不断温柔地说："你不是不会，只是这次没发挥好。我们一起想想下次怎么避免这些问题，好吗？"后来涵涵写日记时说："妈妈对我说这次没考好没

关系，**只要我还愿意学，她就愿意陪我。**"

这句话打动了我，因为我看到一个孩子在接纳与温柔的陪伴中重新拾起了学习的勇气。妈妈的接纳，让孩子不再惧怕考试，也不再把分数当成对错的审判，而是一个可以改进的起点。

除了在情绪上给予支持，我们还可以在方法上提供帮助。比如，让孩子对每一科进行回顾："这个学科考前你是怎么准备的？遇到了什么难点？"这样一来，孩子更容易在分析中找到节奏，也更清楚该如何做得更好。

你还可以和孩子一起制定阶段性目标，比如，这次只看"阅读理解部分有没有进步"，下次再看"计算题答得是否更稳妥"。这样的"自己和自己比"的方式，比单纯追求名次更能激发孩子的学习动力。

对分数进行分析，其实就是教孩子用成长的眼光看待自己，让他知道自己哪里做得不错，哪里还需要调整，怎么才能做得更好。一旦他拥有了这种能力，今后就不会再惧怕考试，而是愿意去面对，愿意勇敢前行。

妈妈是和孩子在学习之路上并肩前行的伙伴。你温柔、稳定、理解的样子，会成为他在成长路上最可靠的力量。

今日打卡任务

✓ 任务一	✓ 任务二
和孩子一起回顾最近的一次考试，引导他说出三个自己觉得做得不错的地方，以及两个下次想改进的地方。	和孩子一起设计一张"分数解码表"，包括四个维度："准备过程—错题类型—理解程度—下一步计划"，让孩子主动分析。

8.2 孩子练字，创造环境激发自主积极性

给妈妈的一句话：

别光要求孩子把字写好，得想办法让他喜欢动笔。

那天咨询结束后，我收到一位妈妈的留言。她写道："孩子今天写字写到一半，我又忍不住批评他的字写得太丑了，结果他一甩笔说：'那你自己来写！'我一下就怒了，吼了他几句。"

她不是脾气暴躁的妈妈，相反，她温柔、尽责，努力为孩子创造一个有序的成长环境。可在一次次看到孩子潦草应付的字迹后，她积压的情绪终于爆发。

我们都希望孩子的字写得工整、认真、漂亮，但很少有人意识到，对一个正在发育期的孩子来说，要长时间保持书写的规范和专注，本身就是一项不小的挑战。如果练字本变成了"审判台"，孩子自然会想方设法逃开。

有一次我请一位妈妈回忆自己小时候练字的情景，她沉默了一会儿说："我小时候字写得不好，每次被父亲骂得狗血淋头，还得哭着一遍遍重写……现在看见孩子写不好，我脑子里就会跳出我爸以前骂我的样子。"

这就是"代际情绪回响"。我们以为是在对孩子讲话，实际上是在和那个小时候的自己对话。而那些我们没能从父母那里得到的理解和耐心，往往在不经意间，变成我们加倍施加在孩子身上的压力。

要是我们能关注孩子的情绪，做出相应改变，练字或许就能变成孩子自己想**主动**去做的事情。

心理学里有个词叫**"赋能"**——不是逼迫孩子做我们希望的事情，而是给他力量去做他愿意坚持的事。**真正的主动性，永远来自内心"我想做"，而不是"我必须做"。**

你可以试试在家里设置一个"每日字迹展示区"，让孩子每天挑一个自己最满意的字或词贴上去，或者邀请孩子录一段讲解书写技巧的小视频，发给亲人朋友欣赏，甚至可以每月做一次"书写成长记录"，回顾从第一页到现在，发生了哪些变化。

这些举动其实都在悄悄对孩子说："你的努力我看见了，你的进步我在意。"孩子不是因为被逼而写好，而是在一个**被理解、被尊重**的环境中，渐渐相信："我写得越来越好了。"

我们都不用成为完美的妈妈，只需要做**"够好"**的妈妈。给孩子练字的**空间**，也是在给你自己缓冲的空间。你慢下来，柔软一些，孩子就会感受到："原来这件事，并不只是为了交差，而是我可以在其中变得更好。"

今日打卡任务

✓ 任务一	✓ 任务二
记录今天陪孩子练字时，你情绪波动的一个瞬间，并尝试完成句子："我当时感到 _____，是因为 _____。"	尝试为孩子设计一个"书写兴趣激发方案"。例如，设置展示区、录制小视频等，并写下你期待这个方案可能带来的改变。

8.3 孩子粗心，以积极态度引导自主反思

☀️ 给妈妈的一句话：

孩子粗心是专注力还没练到位。

"这道题你上次就做错了，我不是提醒过你了吗？"

"你到底是没看懂题目还是没上心？"

"这么简单的加法都能写错，太马虎了吧！"

你一遍遍地提醒，孩子却好像总是犯同样的错误。你可能不是不理解孩子的努力，也不是故意挑毛病，你只是太累了，太想看到他的进步。

但我想轻声提醒你：孩子的粗心，真的不是谁的错。这并不代表他不用心，也不等于你管教无力，而是一个正常的发展阶段，尤其是学龄初期，负责"专注、计划、抑制冲动"的大脑前额叶还在发育中。他们也许明白规则、懂得方法，却还做不到**持续注意**。

就像我们第一次开车，明明知道步骤，却依旧容易紧张，频频出错；就像我们第一次演讲，准备得再充分，也可能因为紧张而忘词。**孩子也是一样，他不是不努力，而是暂时还做不到那么稳定。**

一位妈妈曾跟我讲过她孩子的数学测验："他明明都会，居然小数点写错位置，我气到拍桌子。可回过神来，我又有点后悔，他是不是被我吓到了？"

我陪她一起梳理这段经历，她忽然哽咽地说："我不是要骂他，我只是怕他一直这样，别人会觉得他笨，会不被老师重视……"原来，那句急促的责备，背后藏着的，其实是她深深的**爱与恐惧**。

很多时候，我们不是不心疼孩子，而是太心疼他了。**只是不知道怎么把在乎对方的情感用更温柔的方式说出来。**

心理学上有一个概念叫**"情绪承托"**，意思是一个孩子要发展出良好的自我调节能力，前提是他曾被他人**温柔承接过他的情绪和困境**。换句话说，孩子要学会反思和修正，必须先被**允许犯错**。

我建议这位妈妈做一个简单的转变：不要再盯着"你又错了"，而是陪孩子建立一个"错误收集本"。每当他做错一道题，不再是立刻纠正，而是记录错在哪里，为什么会错，当时心情如何，下次要注意什么。

第一次做时，她以为孩子会敷衍，没想到儿子一边翻错题一边说："我发现我写快了就总忘写单位。"那一刻，她才明白原来孩子不是不在乎，而是**从未被允许慢下来、想一想。**

当孩子能清楚地看到自己错在哪里，并提出解决办法时，他就不再是被动接受批评的小孩，而是在主动改进的过程中慢慢长大。

这个过程中，你可以试着用一种温和、好奇的语气代替批评。比如："你觉得这道题出错，是不是因为前面的题太耗时了？""你觉得以后怎么提醒自己不要漏看单位？""要不要我们一起想几个小妙招，让这些常错点都不再发生？"

你会惊讶地发现，孩子其实**非常擅长总结反思**。只是过去你太快替他说完了结论，太快指明了"你应该怎么做"，而忽略了他自己也有能力看见问题、解决问题。

记得有位妈妈分享说，她和孩子一起做错题集，孩子把自己的一张错题贴出来，下面写上反思和提醒，最后还画了个搞笑的小表情自嘲。她说："这是我第一次看到他带着笑脸面对错误。"

这样的孩子，才是真正具备**"成长型思维"**的孩子。他知道错误并不可怕，可怕的是不去面对。而你，正是那个给他勇气面对错误的人。

当然，现实中你也可能会再次失控，会再次忍不住说"你怎么又错了"。成长不是一条笔直的线，**允许自己出错**，也是一种对孩子的温柔示范。下次当你情绪上来时，不妨在心里默念一句："他不是不努力，他还在学。"然后做三个深呼吸，再缓缓开口。你会发现，孩子也更愿意停下来听你说。

从"为什么你总是这样"到"我们下一次可以怎么做"，这就是从控制走向理解，从惩罚走向赋能的过程。而这，也是你带孩子走出粗心阴影，走向自我修复能力的关键一步。

今日打卡任务：

✓ 任务一	✓ 任务二
记录今天孩子犯的一个"粗心错误"的瞬间，并写下你的第一反应和背后的情绪："我当时感到 _____，是因为 _____。"	和孩子一起制作一张错题卡，写下：出错题目，错因分析，改进办法，鼓励语句（比如"我下一次一定会注意单位！"）。

8.4 考试复习，教孩子自主掌握复习方法

☀️ 给妈妈的一句话：

不用帮孩子规划好每次复习流程，而是陪他发现自己也能成为**有节奏、有方法、有目标**的人。

"我都帮他整理好笔记，划好重点，还准备了三套复习题，他要是还考不好，我真的不知道该怎么办了！"

这是一位来访妈妈对我说的话。她语速很快，样子很焦急。她的孩子正在准备期中考试，可他一点儿也不紧张，复习总是拖拖拉拉。拿起书随便翻两页就说"我会了"，可做起题来却一错再错。她实在看不下去，干脆亲自接手：帮他划重点、列计划、整理错题、安排刷题。孩子配合地坐在那里，但她总觉得他在装认真，不是真的在用心。

她说："我真的不是想控制他，我只是怕他不争气。我小时候太自由，没人管，吃了很多亏，我不想让他也走我走过的弯路。"

说到这里，她的眼眶有点儿红了。那一刻，我特别理解她。爱一个孩子的方式，有时就像试图拽着他穿越一片迷雾。但问题是，**我们拉得越紧，他走得越慢。**

很多妈妈在孩子考试前变得特别焦虑，于是试图强行介入。但当你把复习的每一步都帮他做好时，他反而不会动了。因为他知道"你总会替我收拾"。

孩子表面上显得散漫，背后往往不是不在意，而是不知道该怎么开始。他看着堆积如山的知识点，感到混乱、压力大、无从下手。而你说的"你一定要好好复习"，在他耳里就成了"你最好不要失败"。于是他会本能地逃避，用"先玩一会儿""等会再看"来给自己争取缓冲时间。

我建议那位妈妈试试换种方式。拿出一张白纸，邀请孩子一起写下这次要复习的内容，让他自己画出知识结构图。不是为了做得多好，而是让他自己动笔整理。当他开始整理的时候，思路就在形成；当他开始分类的时候，压力就变得有条理了。

她有些担心："他愿意画吗？"

我说："也许一开始会抗拒，但你不是命令他画，是邀请他参与。哪怕他只画出一个模块，也比你替他复习十页内容更有价值。"

一周后，她回来笑着告诉我："他居然拿着思维导图给我讲了一整章内容，讲得还挺清楚。"

那一刻，她不再是主导复习的妈妈，而是孩子复习过程中的聆听者、欣赏者。她终于松了一口气，也开始看到孩子其实有自己的节奏和能力。

还有一次，我指导一个男孩用"错题分类法"来复习。他过去每次复习就是刷题，成绩没太大起色。我教他把错题按类型分类，比如粗心型、知识点不熟型、题型不会型……每种类型用不同颜色标注，并写上提醒。

几天后他反馈说："我以前觉得自己什么都不会，其实我大多数错题都是因为没看清题目。原来我不用把整本书重背一遍，我只要把粗心点注意好就行了。"

当我们愿意退一步，孩子就可能迈出那关键的一步。我们不需要替他完成全部的复习，而是陪他整理、规划和调整。从"你该怎么复习"到"你想怎么复习"，从"你复习得够不够好"到"你复习后感觉怎样"，这不只是语言的变化，而是给予孩子**充分的信任**。

你不需要把一切都安排得妥妥当当，但你需要成为那个始终愿意等他、相信他、**陪他出错再修正**的母亲。等到那一天，你看到孩子用他自己制订的计划复习，用自己的语言讲解知识，用自己的方法归类错题，一点点建立起"我能掌控"的感觉时，你会明白，**这份信心，比任何一场考试的高分都更重要。**

今日打卡任务：

✓ 任务一	✓ 任务二
选择一个章节知识点，不讲解，不干预，只引导孩子自己动笔梳理。事后你可以问一句："你觉得这样梳理，有帮到你吗？"	从本周错题中选出5道题，和孩子一起讨论错因，并尝试贴上标签（比如"粗心""知识遗忘""题型不熟"等）。

8.5 放手让孩子独立作业，尊重自主学习节奏

 给妈妈的一句话：

放手不是放任，而是给孩子一片属于自己的天空。

台灯下，李琴妈妈的目光寸步不离女儿的作业本。李琴用钢笔刚在纸上画出一道歪斜的横线，妈妈立刻出声："这个字要先写竖线，重来。"应用题刚列好算式，她又指着数字说："单位怎么又漏了？马上补上。"女儿的肩膀渐渐缩成小小的一团，握笔的手指因为过度用力泛出青白，原本半小时能完成的作业，硬生生拖成了两小时拉锯战。

这样的场景在无数家庭重复上演。三年级的浩浩每次写作业都要频繁回头确认妈妈的表情，哪怕只是削铅笔的声响，都会让他紧张地问："妈妈，我现在写数学还是语文？"家长以为的用心陪伴，不知不觉变成了贴在孩子后颈的灼热目光，让他们在笔尖起落间失去了自主思考的勇气。

神经学家发现，人类大脑在持续被监视的状态下，会激活"压力反应系统"，导致负责深度思考的前额叶皮层活动减弱。就像舞台上的演员，台下若坐满随时准备纠错的观众，再熟练的剧本也会忘词。当孩子习惯了在家长的即时反馈中写作业，便会逐渐丧失主动规划、独立解决问题的能力，陷入"你不说我就不会"的依赖怪圈。

在一次家庭教育讲座上，一位初中老师分享了她班上学生

的案例：曾经，家长群里每天晚上都会弹出几十条"老师，这道题孩子这样解对吗"的消息，直到她建议家长尝试"独立作业约定法"。家长们开始和孩子商量："每天 19:00~20:00 是你的独立作业时间，妈妈会把手机调成静音，你遇到问题可以先做标记，时间到了我们再一起讨论。"两周后，家长们惊喜地发现，孩子不仅作业速度加快，还能主动在错题旁写出思路分析。家长逐渐意识到，独立完成作业的过程，是孩子构建学习自主性的关键。就像刚学会骑车的孩子，父母紧紧扶着后座反而让他们不敢蹬踏，适时松手才能让他们找到平衡感。

五年级学生小满的妈妈有个"问题存储罐"：孩子写作业时遇到不懂的问题，不用即时提问，而是把问题写在纸条上投进罐子，等作业完成后再一起讨论。小满说："现在我会先自己想想办法，比如查课本、画示意图，实在不会再问妈妈，感觉自己像个小侦探在破解谜题。"这种延迟反馈的方式，让孩子有机会在试错中探索，而不是直接索要答案。

培养独立作业能力，需要从建立清晰的规则开始。家长可以和孩子共同制订"作业自主计划"，比如，时间约定：根据孩子年龄设定独立作业时长（低年级 20~30 分钟，中年级 40~50 分钟），用可视化的计时器（如沙漏、电子钟）增强时间感知；空间营造：打造专属学习角，桌上只摆放当科作业所需文具，避免玩具、零食干扰；规则共识：明确"独立作业期间不随意打扰，遇到难题先标记"的原则，家长带头遵守。

有一位爸爸分享了他的"三色标记法"：孩子用红色笔圈出完全不会的题，黄色笔标出需要提醒的细节（如写单位、画线段图），绿色笔记录自己解决的难点。作业完成后，爸爸只针对红色题目和孩子讨论，黄色问题则鼓励孩子下次自主检查。这种分级处理方式，让孩子在掌控感中逐步提升独立解决问题的能力。许多家长会忍不住即时纠错，其根源在于对错误的焦虑。但教育心理学家指出，孩子在独立作业中犯下的"美丽错误"，正是他们思维成长的印记。就像匠人手中的陶器，那些不完美的纹路反而彰显着手工制作的温度。

教育的本质，是教会孩子自我教育。当我们放手让孩子独立作业，正是在践行这一理念。那么其中家长的角色是什么呢？主要是这么三种：**1. 成为问题的记录者。**家长可以用手机拍下孩子独立作业时的专注瞬间，定期回放，让他看到自己的进步；**2. 充当思路的倾听者。**孩子作业完成后，留出 10 分钟让孩子讲解解题过程，哪怕是错误的思路也认真倾听；**3. 甘做资源的提供者。**提前准备好字典、计算器、绘图工具，让孩子在需要时能自主取用。

一位初中家长的做法令人触动：他和孩子约定，每晚 8 点后是"学习自由时间"，孩子可以带着作业中的疑问来找他，无论是数学的逻辑推导，还是语文的词义辨析，他都用"我们一起查资料"代替直接解答。这种**平等的探究式互动**，让孩子感受到独立作业不是孤独的战斗，而是带着好奇心探索世界的开始。

深夜，当我们从孩子书桌上收起作业本，看着那些因为独立思考而留下的涂改痕迹，不妨想象：这个正在慢慢学会掌控自己学习节奏的小人儿，曾在遇到难题时咬笔皱眉，却坚持不喊妈妈；曾在时间不够时合理规划，优先完成重点内容。这些看似微小的举动，都是自主性生根发芽的信号。

发展心理学研究表明，孩子在 9~12 岁会迎来"自主意识爆发期"，独立完成作业能力的培养正是这一时期重要的成长任务。就像雏鸟试飞，最初的摇晃是为了日后的翱翔。当我们忍住伸手搀扶的冲动，便是在向孩子传递最坚定的信任："妈妈相信，你有能力解决自己的问题。"

或许刚开始放手时，孩子会磨磨蹭蹭、错误百出，但请耐心等待。你会发现，某一天他突然学会了用彩色笔标注作业重点，主动在错题本上记录思路，甚至能合理安排不同科目的作业顺序。这些变化，都源自你当初退后的那一步——那一步，让出的是眼前的掌控感，换来的是孩子未来的自主力。

下次当孩子在书桌前坐定，准备开始独立作业时，请记住：你眼前的不是一个需要监督的学习者，而是一个正在构建自己学习王国的小主人。给他时间，给他空间，给他试错的权利，你会在某天清晨翻开他的作业本时，惊喜地发现：那些曾经让你焦虑的"不完美"，正逐渐变得完美。

今日打卡任务

✓ 任务一	✓ 任务二
和孩子一起制订"30 分钟独立作业计划"，准备一个计时器，约定期间互不打扰。结束后告诉孩子："妈妈看到你刚才专注了 25 分钟，比昨天多了 5 分钟，这就是进步！"	准备一个"问题收集本"，让孩子在独立作业中遇到的疑问记录下来，睡前花 5 分钟和他讨论其中一个问题，用"你觉得可以从哪里找到答案"引导他自主思考。

第五篇

· 心有多大，舞台就有多大 ·

唤醒孩子的表达欲

9.1 帮助孩子认识自身独特价值

给妈妈的一句话：

孩子有自信，不是因为觉得自己比别人强，而是因为你能看到他身上的闪光点。

你是否经历过这样的时刻：孩子满脸期待地跑来告诉你，"老师今天表扬我啦！"或者兴奋地拿着自己画的小画说："我觉得这个特别棒！"可你一听，没太在意地回应一句："嗯，还可以吧，但你看××都考了满分。"那一瞬间，孩子眼里的光，暗了下去。

你其实并不是有意打击他，也许只是希望他再努力一些。但你有没有发现，自己有时候也会被别人家的孩子影响太深，以至于忘了看见眼前这个**正在努力、想要被认可**的孩子？

我们并不是不欣赏自己的孩子，只是怕夸多了孩子会**骄傲**，怕给了太多安全感他就**不进步**。于是，在不知不觉中，我们用

"你还不如别人"替代了"你已经做得很好了"。

我曾遇到一位妈妈，在咨询时她叹着气说："我知道他有些小优点，但我总觉得他还是差别人家孩子一大截。"她说这话时很平静，但我能感觉到她心里的那种疲惫感，就像无论孩子怎么努力，总有一个"更好的版本"悬在那儿，让她对现在的孩子永远不满意。

很多妈妈都经历过这种纠结，一边怕孩子骄傲不思进取，一边又不忍否定他所有的努力。但我们忘了，成长这件事，就像一颗种子最需要阳光和水，而不是催促和对比。

在今天的育儿环境里，焦虑几乎无处不在。家长群、朋友圈、邻居聊天……大家谈论的都是"谁谁谁已经读完五年级的英语课本了""别人家的孩子已经写小说投稿了"。现实太刺眼，数据太赤裸。于是我们默默把标准拉高，再拉高，总觉得孩子得更好一点儿。

但这样做的后果是，孩子越来越觉得自己不够好。他看不到你的认可，感受到的是你总是不满意。你希望他像别人，他就算努力了，也还不够。久而久之，他开始不再期待被肯定，不再主动分享，甚至慢慢对自己都产生了否定。

我告诉她："你不是不爱她，而是太担心她得过且过，于是用推动代替支持。但对孩子来说，有些阶段更需要的不是'再上一层楼'，而是'我已经站得很高了'。"

孩子建立自我价值感的过程，并不是拿来和别人进行比较。他们需要的是纵向的肯定——我努力了、我进步了、我做了一件值得骄傲的事，而不是横向的比较——我是不是比别人强。

那我们应该怎么做呢？以下是两个温和、实用的小方法：

方法一：引导式反思，用问题带孩子看见自己的闪光点。比如，检查是否空两格，孩子画了一幅画，不要直接夸"你画得真好"，而是问："你最喜欢这幅画里的哪一部分？为什么？"当孩子自己开始思考和表达时，就逐渐建立起对自己能力的清晰认知。他会明白，不是因为别人说我好，而是因为我自己知道我在哪方面努力、在哪方面有创意。

方法二：用"积极标签＋具体情境"反馈孩子的行为。比如，"你真是个细心的小侦探！"这句话听起来简单，但如果加上一句："你刚才发现拼图颜色不对，观察力真强。"孩子听到的，就不只是夸奖，更是"我真的有这个能力"。这种方式，比单纯说"真棒"更有力量。因为它不是贴标签，而是提供一面"镜子"，让孩子能看到那个在努力、很细心、在成长的自己。

这类回应方式，在心理学中被称为**"行为镜像反馈"**。它能帮孩子建立起稳定的自我认知系统——**我的价值不是别人说出来的，是我自己逐步感受到的。**

有一次我鼓励一位妈妈做一个小练习：每天写一张**"优点便签"**，贴在孩子的书桌上，比如，"今天你吃完饭主动去洗碗，我看见了你的责任感。"她一开始觉得别扭，"这种小事也要夸吗？"但几天后她发现，孩子开始主动收拾书包，写完作业会叫她来看，还会笑着问："今天的便签是什么？"

其实，这不仅是一张便签，更是一种持续"被看见"的体验。这种体验，孩子会慢慢内化成"我看见了我自己"。这就是心理成长中最珍贵的"自我认同"：我是谁，我在哪方面足够努力，我的价值不需要靠他人认可，因为我知道，我值得被尊重。

这样建立起来的自信，是不容易被打倒的。他不会因为一两次考试没考好就怀疑自己，也不会因为别人更优秀就否定自己。他知道自己的努力有意义，自己有自己的方向。

有时我们忍不住拿孩子和别人比，是因为我们自己也生活在比较中。小时候我们也听过那些话："你看别人多自觉""你又犯同样的错"……这些声音成了我们内心的旁白，不知不觉间被我们投射到孩子身上。

但如果你愿意停下来，觉察一下自己的情绪，并轻声问自己一句："小时候的我，是不是也很渴望被看见，被理解？"你会发现，孩子带给我们的，不只是养育的挑战，更是一次"再次成长"的机会。

你不需要成为完美的妈妈，你只需要做一个愿意为孩子鼓掌的妈妈。即便他的舞台还不大，即便他的灯光还微弱，只要你眼中有光，他的世界就有方向。

今日打卡任务：

✓ 任务一	✓ 任务二
今天试着对孩子说一句具体的、有行为导向的鼓励话，比如："你刚才主动帮爷爷拿药，我觉得你特别细心。"	写一张"优点便签"，贴在孩子房间，坚持 7 天，记录你发现的孩子的每一个"独特的小闪光点"。

9.2 陪伴孩子克服恐惧

给妈妈的一句话：

孩子的胆怯不是缺点，而是他们内心敏感的声音，需要我们用耐心和温柔去聆听和回应。

我记得有一次，在咨询室里，一位妈妈无奈地跟我说："老师，别的孩子上台自信满满，我家孩子却总是站在角落不敢说话。我每次都忍不住对他说：'胆子大一点儿！'可结果他更害怕了，怎么办？"这句话，代表了很多家长面对孩子表达欲被恐惧束缚时的焦虑和无奈。

害怕在孩子的成长过程中是极其正常的情绪反应。它像一面警示牌，告诉孩子："这里有未知，我需要时间准备。"当我们急于用"大胆一些""不要害羞"这类言语强迫孩子去表现，反而让孩子感受到自己的恐惧被否定，情绪没有被接纳，这种压力会像隐形的负担压在他们稚嫩的肩膀上。

这是一个情绪调节的关键时刻。心理学中提到，情绪调节不是消除情绪，而是学会识别情绪、理解情绪，并用适合的方法表达和释放它。当孩子面对公众表达时，内心的恐惧其实是一种保护机制，是他们自我觉察的表现。对孩子来说，害羞是他们对外部环境不确定的真实反应时，而不是简单的胆小。

当我们用嘲笑或强迫的方式回应时，孩子不仅没有得到情绪的安抚，反而在原有的基础上添加了"我不被理解、不被支持"的负面情绪。这种**情绪投射**，往往是父母在无意间将自己对表现、成功的焦虑转嫁给了孩子，结果适得其反。

那该怎么办呢？我想起一位妈妈分享过的故事，她的孩子也曾极度害怕在小组活动中表达。她没有急于催促，而是尝试让孩子在家人面前用自己喜欢的方式讲故事。先是简单的声音练习，再慢慢加上肢体语言。她告诉孩子："你准备好了再告诉我，我等着听。"就这样，孩子从小场景中逐步积累了自信，终于有一天勇敢地在学校小组分享了自己的作品。那一刻，妈妈眼中闪烁着骄傲的泪光，也更加理解了陪伴的力量。

这个过程体现了**"支持型精准回应"**的教育理念。**它尊重孩子的情绪节奏，重视孩子的自主性发展，而非简单地控制或施压。**我们每个妈妈都可以成为情绪的"调节师"，给予孩子情绪的正面关注，帮助他们学会"安全表达"，进而唤醒他们内心的表达欲。

这里，我们可以尝试以下几种做法：

第一，允许孩子有准备期。就像舞台演员排练一样，孩子需要时间去熟悉和适应新的挑战。家长可以陪孩子**一起设定小目标**，比如，先在家人面前表演，再慢慢扩大到熟悉的小伙伴。这个"缓冲区"能有效降低孩子的焦虑，让他们逐步建立自我效能感。

第二，做情绪的"镜子"。当孩子表现出害怕或回避时，妈妈可以用温和的语言表达理解："我看到你有点紧张，是因为这对你来说很重要，对吗？"这一步是情绪调节的关键，它让孩子知道自己的感受被看见、被接纳，这种**情绪觉察**会让他们感到安全，愿意继续尝试。

第三，使用"三步表达法"与孩子沟通，即阐述事实、表达感受、提出期望。例如："今天你在班级分享时没有开口（事实），我知道你可能感到害羞或紧张（感受），我希望我们可以一起练习，等你准备好了再尝试（期望）。"这种沟通方式避免指责，减少对孩子的压力，也强化了亲子之间的理解与信任。

当你看到孩子在表达上畏缩时，请不要急着催促，更不要嘲笑。给孩子一个"小舞台"，一段准备时间，一份耐心的陪伴，你的温柔正是他们走出恐惧的桥梁。

回望我们自己，或许童年时也曾有不敢发声的瞬间。我们带着那份未被完全治愈的害怕，走进了为人母的角色。正如我们学着陪伴孩子克服恐惧，也是在疗愈那个曾经脆弱的自己。允许自己也有情绪，有不完美，才能以更包容的心去拥抱孩子的成长。

情绪管理不是为了让孩子变得完美，而是帮助他们学会与自己温柔相处，找到表达的勇气。作为妈妈，我们是孩子情绪世界的第一道防线，更是最坚实的安全港湾。愿每一位妈妈都能成为孩子表达欲的守护者，陪伴他们一步步走向更广阔的舞台。

今日打卡任务

✓ 任务一	✓ 任务二
情绪觉察练习：回想今天你或孩子在表达中出现害怕或退缩的瞬间，写下"我当时感到＿＿，因为＿＿。"试着温柔地理解这个感受。	小场景练习：选择一个适合孩子的小范围环境（如家里客厅），和孩子一起做一个表达的小练习，比如讲故事或唱歌。记录当天的体验感受。

9.3　支持孩子挖掘兴趣，让爱好成为特长

☀── 给妈妈的一句话：──

　　孩子的兴趣，是他们连接世界的一扇窗。你不需要替他们决定窗外的风景，只要陪他们把这扇窗缓缓推开。

　　你是否也曾这样焦虑过？家长群里看到别人家的孩子学钢琴、练舞蹈、刷奥数，一个接一个报班，好像晚一步自己就落后了。于是你也给孩子报了个舞蹈班，想着多一项技能就不会吃亏。可没过多久，孩子回家后开始抱怨累，有时还默默流泪，说自己不想去了。

　　你忍不住问自己："是不是我选错了？是不是他根本不喜欢这个？"

　　这样的纠结，很多妈妈都经历过。我们都想让孩子有特长、有优势、有未来，但在不能输的焦虑下，很多时候我们忘了，兴趣不是硬塞给孩子的课程，而是他自己想主动探索的方向。

　　我曾遇到过一位妈妈，她为孩子报了画画、钢琴、英语口语、编程四个兴趣班。她说："我只是希望他多点选择，将来竞争力强一点。"但孩子每天下课回家都情绪低落，什么都不想说，甚至开始逃避去上课。

　　她痛苦地说："我以为我是为了他好，可我好像把他压垮了。"

　　我陪她做了一次"兴趣觉察练习"。我们一起回看孩子在家里的日常，结果她惊讶地发现：孩子在厨房用面粉做"黏土

城堡"时最开心；拼乐高时一口水都不喝，一坐就是一个小时；给小猫设计"纸箱游乐园"时，眼睛里有光。

她第一次意识到，兴趣的火苗，往往就藏在孩子最自在、最沉浸的瞬间里，而不是那些被安排、需要打卡的课表上。

兴趣不是通过有用或没用来决定的，而是孩子内心的共鸣点。他们会用行为告诉我们：我想继续做这个，我在里面感到快乐，我愿意自己坚持。

心理学里有个词叫"自我觉察"，就是个体对自己喜欢什么、不喜欢什么的清晰认知。这种觉察力，只有在足够自由、安全的环境中才能形成。越是被填满的日程表，越是让孩子远离了自己内心的声音。

你可能也见过这样的场景：孩子在搭积木时一言不发、全神贯注；在画画时边涂边唱歌，完全沉浸其中；在阳台上观察小蚂蚁排队，竟能讲上半个小时的"蚂蚁探险故事"。这些时刻就是孩子兴趣的"种子"悄悄发芽的过程。我们要做的，不是拔苗助长，而是蹲下来，看看这颗种子喜欢阳光还是喜欢风，看看它在哪种节奏下，长得最舒展。

那我们具体该怎么做？

一、从"安排者"变成"观察者"。 别急着替孩子安排"应该学什么"，先去观察他真正愿意沉浸在什么事情里。他脸上有没有笑？有没有主动提起？有没有不需要你催就开始动手？

二、用开放式提问，引导兴趣表达。 试着问他："你最喜欢今天做的哪件事？为什么？""如果明天你可以选一件事情一直做，会选什么？"不要急着纠正他的答案，哪怕他说"玩沙子"，你也可以接着聊："玩沙的时候你在想什么？你喜欢那种感觉吗？"这样的对话，让孩子慢慢形成"我知道我喜欢什么"的自我认知。

三、尊重"探索期"和"反复期"。孩子的兴趣发展不是直线型的，他们可能今天爱上唱歌，明天又说"我不想唱了"。别急着说"你怎么又变了"，而是陪他去体验："你现在不想唱，是因为累了、腻了，还是有其他原因？你想试试别的方式表达自己吗？"

四、请别忘了照看好你的情绪。很多时候，我们急着让孩子找到兴趣，其实是因为我们自己怕落后、怕自己没做到最好。你可以每天做一次小小的情绪检视："我是真的在关心孩子的快乐，还是在满足我对'成功'的期待？"看见自己的焦虑，才能不把它投射给孩子。

那位妈妈后来不再给孩子报密集的课程，而是陪他在家自由创作。他们一起画画、一起去美术馆、一起分享对颜色的感觉。她笑着说："他终于开始自己说'我想画个关于冒险者的故事'了，这句话，比他拿证书更让我开心。"

她看见了孩子的表达欲，也更改了自己陪伴孩子的方式。**她不再设计孩子的未来，而是全力支持他热爱当下。**

今日打卡任务

✓ 任务一	✓ 任务二
今天请你观察孩子最投入、最专注的一次活动。写下他当时的行为细节和面部表情："我看到他在_____时特别专注／快乐／安静。"	今天和孩子聊一次兴趣，不要以"课程"为切入点，而是从生活出发。可以试试问："你有没有一直以来都特别想做的事？""你做这件事的时候，感觉是什么样的？"记录他的原话，哪怕只是简单的"我觉得开心"，那就是他表达的起点。

从舞台搭建者，到光芒见证者

10.1　托举孩子，让其以自己的方式发光

给妈妈的一句话：

　　每个孩子都是一颗独特的种子，妈妈能给的最好的爱，就是守护这份独特，让他在喜欢的土壤里舒展枝叶，长成自己心中期待的模样。

　　周末的舞蹈教室门口，传来母女的争执声。妈妈拽着女儿的胳膊："这个芭蕾班是全市最好的，妈妈好不容易报上名，你怎么能说不想学？"小女孩低头用手指绞着裙摆，小声说："我更喜欢在操场跑步……"家长眼中的"最优选择"，正在悄然覆盖孩子眼中的星光。

　　邻居家的男孩小辰让我印象深刻。他能对着路边的蚂蚁窝观察半小时，用树枝画出蚂蚁搬运食物的路线图。在妈妈的要求下，他每周六去参加奥数班。有次我问他："你喜欢数学吗？"他摇摇头："妈妈说学奥数对以后有用。"说话时，他指尖还无意识地摩挲着口袋里的昆虫标本盒，那是他偷偷收集的"宝贝"。

当孩子的自主需求被忽视，外在压力会逐渐吞噬内在动力。就像被强行嫁接的枝条，即使暂时开花，也难有深扎土壤的生命力。那些被家长选择的兴趣、报名的比赛、规划的未来，最终可能让孩子陷入迷茫："我所做的一切，究竟是为了谁？"

在儿童美术馆，我见过这样一幕：一个男孩把蓝色颜料涂满整个画纸，老师走过去蹲下身："你画的是夜晚的大海吗？"男孩眼睛一亮："不，是外星人在蓝色星球上开演唱会！"老师笑着点头："这个想法太酷了，要不要给你的星球加些发光的星星？"男孩立刻抓起荧光笔，在画布上跳跃着点缀光斑。这个场景印证了一个教育真相：孩子的独特性，往往藏在那些"不合常规"的举动里。就像有的孩子擅长用乐高搭建复杂机械，有的孩子能记住很多昆虫的名字，有的孩子总能在作文里写出让人心动的句子。这些闪光点未必符合家长心中的"优秀标准"，却是孩子认识世界的独特方式。

发展心理学家加德纳的"多元智能理论"告诉我们，人类至少拥有八种智能，而每个孩子的智能组合都是独一无二的。当家长放下"成功模板"，用欣赏的眼光观察孩子，会发现爱拆卸玩具的孩子，可能拥有卓越的空间智能；总爱编故事的孩子，或许具备强大的语言天赋；就连常蹲在地上观察蜗牛的孩子，也在展现珍贵的自然观察智能。

五年级学生朵朵的妈妈曾陷入焦虑：看到别人家孩子学钢琴、练书法，她也给朵朵报了好几个班。直到有天晚上，朵朵在日记本上写："我最喜欢的，是科学课上用树叶做标本。"妈妈突然惊醒，试着带朵朵参加自然观察社团。现在的朵朵，能准确说出三十种昆虫的生活习性，还在全市青少年自然笔记比赛中获奖。家长可以试试**"兴趣探索三步法"**：**1. 静默观察**，记录孩子独处时自发选择的活动（如搭积木、画漫画、拼拼图）；**2. 轻量尝试**，提供相关资源（如科普书、绘画工具、运动器材），观察孩子是否持续投入；**3. 深度对话**，问孩子："做这件事时，你觉得最开心的是什么？"挖掘兴趣背后的深层动机。

当孩子的内在动机被点燃，外在目标会成为成长的助力而非压力。家长需要区分"孩子的渴望"和"自己的期待"：前者是孩子眼睛发亮的主动提议，后者是家长反复劝说的"你应该"。就像火种需要氧气才能燃烧，孩子的热情需要自主选择的空间才能持续。朋友的儿子小宇主动提出参加机器人比赛时，她没有立刻报名，而是问："你想参加比赛，是喜欢搭建机器人，还是想和其他选手交流，或者想挑战自己？"小宇想了想说："我想让自己做的机器人完成任务。"接下来的两个月，小宇每天放学主动研究图纸，遇到难题时会说："妈妈，这个齿轮怎么联动，我们一起查资料吧？"

教育学家皮亚杰的"最近发展区"理论，为家长托举孩子提供了科学指引：真正的支持，是在孩子踮脚够得着的地方搭建台阶，而不是按照自己的形状塑造孩子。

六年级学生轩轩痴迷编程，爸爸没有直接报昂贵的编程班，而是做了三件事。**基础铺垫：**送他一本《写给孩子的编程思维》，陪他玩逻辑闯关游戏；**资源链接：**带他参加社区青少年编程体验活动，认识同龄爱好者；**成果展示：** 把轩轩编的小游戏分享给亲戚朋友，让他感受创造的价值。这种渐进式托举，让轩轩在保持兴趣的同时，逐步提升能力，就像园丁为藤蔓搭建支架，不是规定它必须长成某种形状，而是让它沿着自己的方向攀爬。

家长要警惕用"功利化"思维切割孩子的兴趣：不要说"画画耽误学习，成绩好了再画"，而是说"你笔下的故事很精彩，或许可以用作文写出来"；不要说"踢足球没前途，不如学钢琴"，而是说"你在球场上的拼搏精神，同样能用到学习中"。这种连接不是否定，而是让孩子看到自己的热爱，本身就是一种力量。当我们用功利的尺子丈量兴趣的价值，其实是在亲手剪断孩子探索世界的触角，而用生长的眼光看待热爱，才能让兴趣成为滋养生命的土壤。

曾在博物馆看到一个男孩对着恐龙化石手舞足蹈，妈妈在旁边微笑记录。男孩说："我长大要当恐龙学家！"妈妈点头："好啊，那我们现在可以做什么呢？"男孩说："先看完所有恐龙展厅！"这样的对话，比"当科学家要考重点中学"更有力量，它守护了孩子纯粹的热爱，让梦想在现实中扎根。妈妈的回应没浇灭孩子此刻的热情，又引导他思考"当下能做什么"。这种温柔的托举，让兴趣不再是空中楼阁，而是与眼前的观察、探索产生真实联结。

许多家长的焦虑，源于害怕孩子走弯路。教育学家尹建莉说过："孩子的成长需要'试错权'，就像幼苗需要经历风雨才能扎根更深。"当我们允许孩子选择自己的路，哪怕路上有坑洼，也要传递信任："妈妈相信，你有能力面对挑战。"

聪明的家长是懂得"示弱"的。当孩子痴迷机器人时，我们可以说："妈妈对这个领域不太懂，你能教教我吗？"；当孩子热衷天文时，我们可以说："那颗星星叫什么名字？我们一起查资料吧！"。这种姿态不是伪装，而是真正走进孩子的世界，让他们感受到：我的热爱，值得被认真对待。

曾有位爸爸为了理解女儿喜欢的二次元文化，主动学习动漫术语，陪女儿看展、讨论剧情。当女儿惊讶地发现爸爸能懂她时，父女之间的沟通不再是单向的说教，而是双向的分享。这并不是真的示弱，而是对孩子兴趣的尊重，更是一种教育智慧。

有些家长虽然口头上说"尊重孩子"，却在孩子做出选择时，用叹气、对比、暗示等方式施加压力。比如，孩子拒绝参加奥数班，妈妈说："隔壁明明参加了，现在数学成绩可好了。"这种"软控制"比直接命令更具杀伤力，会让孩子陷入"自我背叛"的痛苦。真正的尊重，是像对待朋友一样，倾听孩子的想法，讨论可行性，最后说："无论你怎么选，妈妈都支持你，我们一起承担结果。"这种无条件的托举，让孩子在未来面对人生抉择时，不会因为害怕辜负父母而失去勇气。

深夜，当我们看着孩子在自己的世界里专注投入，可能是拼搭一个复杂的乐高模型，可能是创作一首幼稚的小诗，可能是研究如何让纸飞机飞更远，请记住：眼前的这个小人儿，正在用自己的方式理解世界，构建属于他的独特宇宙。

教育的终极目标，不是培养符合某种标准的"优秀孩子"，而是帮助每个孩子成为最好的自己。就像森林里的树木，有的高大挺拔，有的虬曲苍劲，有的开满绚烂的花，有的结出甜美的果，它们共同构成了森林的丰美。当我们放下"修剪"的剪刀，拿起"浇灌"的水壶，便会发现，每棵树都在以自己的节奏生长，每束光都有独特的波长。

下次当孩子说出自己的渴望时，请蹲下来与他平视，认真地说："妈妈看到了你的热爱，也相信你的选择。需要什么帮助，我们一起想办法。"这短短一句话，胜过千言万语的规划，因为它让孩子知道：我的独特，值得被珍视；我的梦想，值得去追寻。

今日打卡任务

✓ 任务一	✓ 任务二
连续三天观察孩子放学后的自主活动，记录他主动选择的事情（比如搭积木、看科普书、编故事），在睡前告诉他："妈妈今天看到你_____，觉得你在这方面很有热情，这很棒！"	当孩子面临选择时（比如报兴趣班、参加比赛），用"你更喜欢哪个？为什么？"开启对话，最后说："无论你选什么，妈妈都支持你。"让孩子感受到自己的意愿被尊重。

10.2　破除评价恐惧

🌞 **给妈妈的一句话：**

当你接纳孩子的每一次不完美时，就等于为他织起一张看不见的安全网，让他敢于在生活的舞台上，自由而真实地做自己。

有一次，一位妈妈分享说："我儿子兴致勃勃地在客厅唱歌，我一边笑一边说：'你跑调了哦！'没想到他马上噘起嘴，悄悄躲进了房间。之后好几天都不肯再唱。"

她以为自己是在调节气氛，没想到一句看似轻松的玩笑，却掐灭了孩子表达的热情。

这样的场景你熟悉吗？孩子跳了一段自己编的舞，你脱口而出："再认真点动作就对了。"他一脸失落地停下来，不再说话。你明明只是想提醒，可孩子却感受到被否定。

其实，这样的无心之语往往会在孩子心中留下深深的烙印：原来我不够好，原来被看见意味着被挑剔。当展示变成了评分，表达就成了压力。很多妈妈并非有意批评，而是源自一种潜藏的对完美的焦虑。我们总希望孩子表现得好一点儿，再好一点儿，总想把一次展示变成一次进步的机会。但不知不觉中，我们用打分的眼光替代了欣赏的眼光。

心理学称这种现象为"评价内化"——当一个人习惯从他人的评判中认知自我，他就会逐渐失去真实表达的勇气。孩子越是在乎我们怎么看他，就越不敢把真实的自己展现出来。

而我们常常忽略了，比起表现得完美，孩子更需要一个可以出错、可以不完美，也能被爱的空间。

那么，我们该如何帮助孩子破除这种"评价恐惧"？

一、把"舞台"从评分场变回练习场。不再问："你跳得对不对？"而是说："你跳得好开心，妈妈看见你的笑容了。"不再说："再唱准点就更好了。"而是说："你刚刚唱歌的时候眼睛亮晶晶的，我觉得你特别勇敢。"我们不需要立刻给出评判，而是先回应孩子的感受和努力。

二、创造一个"没有观众的舞台"。在家里设一个小小的"自由展示角"，不必布置得多精致，只要告诉孩子，这里不需要评分，也不要求完美，他可以随时唱歌、跳舞、画画、讲故事。你不需要评论，只需要倾听。他的安全感，会在你温柔的目光中一点点建立起来。

三、给自己也留一份"冷却时间"。当你想说"你这次唱跑调了"的时候，请先暂停三秒，问自己："我说这句话，是想鼓励，还是因为我对表现的期待落空了？""我现在的语气，是在评价，还是在支持？"你可以默念："他现在需要的是被肯定，不是被修正。"然后，再说出："谢谢你愿意和我分享，你的勇气让我很感动。"你会发现，孩子并不需要完美的表现，只需要被温柔地看见。

我想分享一个真实的故事。一位妈妈来咨询时说，她女儿在舞台上表演后，被她一句"下次别忘词"打击得不敢再上台。我们一起进行了长期的练习来破除对舞台的恐惧。

下一次孩子上台表演后，妈妈对女儿说："我看到你虽然紧

张，但还是坚持完成了，我很为你骄傲。"

女孩抱住她，说："我以为你会生气。"

那一刻，妈妈流泪了。她明白了：**原来放下评判，就是给孩子一份自由的力量。**

孩子的每一次展示，都不只是表演，更是一次心灵的对话。

有时他唱跑调了，是在表达快乐；有时他动作错乱了，是在对抗紧张；有时他忘词了，是因为他真的在努力面对恐惧。你用怎样的眼光去看，他就会长成怎样的自己。

今日打卡任务：

任务一	任务二
今天观察孩子一次展示活动，无论是唱歌、跳舞还是讲故事，不评价、不纠正，只用一句肯定孩子状态的语言来回应。	和孩子一起设立家庭"无评价展示时间"，比如睡前 10 分钟，轮流分享一件今天觉得有趣的事（可随意发挥不追求逻辑或完整），过程中只用微笑、点头或简单回应"听起来很有意思"，让孩子体验纯粹分享的轻松感。

10.3 让孩子成为自己的太阳

给妈妈的一句话：

　　孩子是自己人生的舵手，我们不是掌控方向盘的人，而是那座安静发光的灯塔，照亮他们探索世界的路。

　　你是否有过这样的时刻？孩子在面临选择时，你第一反应就是替他规划好一切：兴趣班怎么选、每天几点学习、表演选哪个项目……你心里那根"操控的弦"绷得紧紧的，生怕他一步走错，落后别人，耽误将来。但你有没有想过，当我们替孩子安排好每一步时，他是否也在渐渐失去自己选择的勇气？孩子还能不能真正成为自己的太阳，用属于自己的光和热去照亮生活？"我为你好"，这句话有时反而压得孩子喘不过气。

　　我曾接待过一位妈妈张女士。她的女儿小萌喜欢画画，有时也想尝试跳舞。但张女士认为舞蹈更"实用"，能锻炼身体、增加社交，于是坚持让女儿放弃画画，全身心投入舞蹈班。

　　小萌配合了一段时间，后来渐渐变得不情愿、不投入，甚至开始躲避练习。张女士开始反思："我是不是太执着于自己的想法了？是不是把女儿原本的热情压掉了？"

　　这是很多家长都会经历的心理过程。我们焦虑、不安，担心孩子错过最好的时机，于是用自己的经验给孩子设计"最优路径"。但我们忘了，孩子真正需要的不是一条被铺好的路，而是自己走路的能力。

每个孩子的内心都有一份真实的渴望，它需要在被尊重、被接纳的氛围中生长。一旦孩子总是为了迎合父母而选择，就会逐渐脱离自己的情绪指引，甚至发展出回避、压抑、自我否定等问题。

成长不是完美执行，而是不断试错后的调整。孩子必须拥有"尝试、犯错、再选择"的自由，才能发展出真正属于自己的方向感与成长力。

那么，我们如何帮助孩子成为自己的太阳？

第一步，调整自己的"情绪控制"。当你想替孩子做决定时，停下来问自己："这是出于他的需求，还是出于我的恐惧？""这个决定真的非现在不可吗？"做父母的第一课，就是先学会与自己的情绪和平共处。

第二步，给孩子提供自主选择的机会。像张女士后来做的那样，她将不同的兴趣活动整理成一个清单，邀请小萌自己选择是否参加，以及何时参加。她不再下命令，而是做信息的提供者、节奏的守护者。结果，小萌不仅选择继续画画，还主动提出尝试新的绘画风格，甚至开始邀请妈妈欣赏她的创作。你看，当孩子感受到被尊重时，热情和能动性就会自己发芽。

在你尝试的过程中，要注意以下几点：

1. 关注背后的情绪，不只看表现。当孩子说"我不想上这个课"时，不要立刻回应"你太懒了"，而是停下来问："这个课你觉得哪里让你不舒服？"每一个抗拒可能背后都有"压力太大""表达没被听见""节奏不适合"的真实需求。

2. 用正念倾听，而非立刻给建议。孩子和你分享感受时，不要急着分析或说"你应该怎么做"，而是先表达理解："你对这个想法挺有热情啊，我能感受到。"正念聆听的力量在于，它让孩子感觉到"**我被接纳、被信任**"，而不是"我被指导、被干预"。

3. 设置安全试错区。建立一种家庭氛围：在尝试新事物时，即使**失败也没关系**。你可以说："我们可以试试看，就算没做好也不打紧，重要的是你有这个想法。"就像搭积木，不是搭成了多高才算成功，而是搭的过程中，你陪他笑着试过了。

4. 不要总是帮孩子做决定，而是要陪孩子想清楚自己的决定。比如："你觉得参加这个活动会让你开心吗？""你担心什么？我们可以一起想办法。""你不确定也没关系，我们可以先试一次。"慢慢地，孩子就会从等待安排转变为主动选择。

今日打卡任务：

任务一	任务二
今天观察孩子在面临选择时（哪本书先读、要不要去参加活动等），不急于给建议，试着说："你想怎么安排？""我尊重你的想法，我们一起看看。"记录他的反应，感受互动的变化。	当孩子对某件事犹豫不决时，与他一起列出选择的利弊清单，让孩子主导思考过程，你仅作为协助者提供客观信息，观察孩子如何权衡并做出决定。

10.4　教育无痕：悄无声息地爱，才是最深的托举

给妈妈的一句话：

　　真正的爱，不是总把"我为你付出多少"挂在嘴边，而是让孩子在潜移默化中拥有底气和力量。默默陪伴，就是爱的最高境界。

　　你是否也有过这样的心情？孩子在舞台上表演，你心中满是骄傲，眼眶微热，却忍不住想说一句："你知道妈妈为你准备了多少吗？"你并非想邀功，而是想让孩子明白这份辛劳的不易。然而，这句话却在不知不觉中，成了孩子背上的一块"情感负担"。

　　曾有位妈妈李女士在咨询中哽咽地说："我每天忙前忙后，花钱、花时间地支持他，可他一点都不感激，甚至对我越来越冷淡。我委屈极了。"这正是许多父母都会面临的情感错位：我们把爱化作可见的付出，却换来孩子的抗拒与疏离。

　　这种付出其实是一种情绪投射，我们将对爱的渴望、对回报的期待投向孩子。但孩子感受到的不是温暖，而是隐形的压力。他们会在潜意识中将父母的爱等同于"要证明""要回报"，于是，原本自由的展示有了"必须做到最好"的焦虑。

　　孩子最需要的不是一个伟大而无所不包的母亲，而是一个"足够好"的母亲——在需要时出现，在其他时候悄然退场。真正的爱，是"润物细无声"的存在。就像河流，不言不语，却承载舟船穿越风浪；就像空气，毫无重量，却支撑生命自由呼吸。**教育的极致，不是控制或雕塑，而是悄然成就。**

如何做孩子背后的那道光呢？

一、从"宣扬付出"转向"静默支持"。当你想说"我为你做了多少"时，停下来换一种表达方式："我看到你努力了，这就值得被鼓励。"改用"我看到你"作为开头，让语言聚焦于孩子的成长，而非自己的辛劳。孩子的感受会从压力变成安心。就像李女士后来学会的：在孩子比赛前，不再强调自己准备了什么，而是轻轻拍拍孩子的肩膀，说："你站在那里，妈妈已经很骄傲了。"孩子点了点头，笑了。那一刻，母子之间的距离真正靠近了。

二、建立"无痕安全锚点"。当孩子情绪低落、选择犹豫或犯错时，他最需要的，不是一个纠错者，而是一位情绪的承托者。你可以说："我知道你现在不想去比赛，是不是有点紧张？没关系，我会在你身边。"而不是："我都为你准备这么久了，你怎么能临时不去？"你说话的语气，就是孩子心里的风向。如果你的回应能成为情绪的避风港，他就敢于试错、敢于探索，不会在外界的风雨中迷失方向。

三、使用三种"无痕沟通工具"。

1. 情绪日记法。每天花 3 分钟写下自己最想对孩子说的话，比如："今天我看到你背着书包出门的背影，忽然觉得你又长大了一点儿。"记录下的是爱，而不是抱怨。

2. 升级版三步表达法。感受："我刚刚看到你脸色有些紧张……"需求："我想给你一些空间，但也希望你知道我在。"支持："你不急着追求完美，我会一直陪着你试一试。"

3. 正念倾听。当孩子说"我不想练了"时，不要立刻反驳或建议，而是先停顿几秒，重复他的话："你现在有点不想练，是因为觉得累吗？"这一句看见他的感受的话，比十句道理都有效。

孩子不是不懂感恩，只是他们需要**被给予空间去感受爱**，而不是被要求"回应爱"。

今日打卡任务

任务一	任务二
在孩子遇到困难或展示成果时，不说"我为你准备了多少"，而说："看到你认真了，我很欣慰。"或者说："你已经努力了，这让我很感动。"	尝试用"情绪日记法"记录一条想对孩子说的话，例如："今天你主动安慰摔倒的同学，妈妈觉得你特别温暖。"将日记放在孩子能看到的地方，用文字传递无声的看见与肯定。